ICH PASS
AUF MICH AUF

Wichtiger Hinweis
Alle Angaben in diesem Buch wurden von Autorin und Verlag nach aktuellem Wissensstand sorgfältig erarbeitet und geprüft. Dennoch erfolgen alle Angaben ohne Gewähr. Die in diesem Buch enthaltenen Informationen sind weder völlig umfassend noch verbindlich. Autorin und Verlag haften nicht für eventuelle Nachteile und Schäden, die aus den im Buch gemachten praktischen Hinweisen und dem Genuss genannter Nahrungsmittel resultieren. Die in diesem Werk enthaltenen Ratschläge ersetzen nicht die Untersuchung und Betreuung durch einen Arzt.

ICH PASS
AUF MICH AUF

INHALT

THE SMALLEST
STEPS
in the right
direction
CAN TURN OUT
TO BE THE BIGGEST
STEPS
of your life.

HALLO, DU WUNDERBARER MENSCH,

dass dieses Buch uns heute zusammenführt, ist bestimmt kein Zufall. Während ich diese Zeilen schreibe, stelle ich mir vor, wie du durch die Seiten blätterst. Vielleicht voller Hoffnung, wirksame Strategien zu finden, um besser auf dich selbst zu achten und dich vom Leben weniger umhauen zu lassen. Vielleicht aber auch voller Skepsis, ob diese Box etwas für dich ist, falls du sie geschenkt bekommen hast. Klingt Self-Care für dich nach Zeitverschwendung oder Egoismus? Dann lass mich dich davon überzeugen, dass jeder Mensch, auch du, davon profitiert, ein bisschen besser auf sich zu achten. Ich werde dir dabei nicht vorgeben, wie du dein Leben gestalten sollst. Im Gegenteil, wir werden zusammen herausfinden, wie du gerne leben und dich fühlen möchtest. Ich kann dich dabei unterstützen, die richtigen Schritte zu gehen, um das zu verwirklichen.

Du bist wertvoll und solltest dich auch so behandeln. Warte nicht, bis du völlig erschöpft oder unglücklich bist, um dir etwas Gutes zu tun. Du brauchst keine Krise oder Krankheit, um dich mit Self-Care zu beschäftigen. Es reicht der Wunsch, dich richtig gut zu fühlen. Denn das hast du verdient. Self-Care muss nicht lange dauern, kompliziert oder teuer sein. Und es geht schon gar nicht um Perfektion. Selbst als Coach arbeite ich täglich an mir. Ich habe weder die Lösungen aller Probleme, noch bin ich in jeder Situation tiefenentspannt. Ich bin chaotisch, sensibel und gestresst. Ich vergucke mich in die falschen Männer, trinke mal ein Glas Wein zu viel oder verbringe einen ganzen Tag mit Serien gucken. So ist das Leben. Das ist menschlich. Der große Unterschied, den die Arbeit an meiner Self-Care gemacht hat, ist, dass ich unperfekte Seiten an mir heute liebend annehme. Wenn mich das Gefühl beschleicht, nicht gut, schön, beliebt oder schlau genug zu sein, stelle ich meinen inneren Kritiker schnell ruhig und kümmere mich stattdessen extra liebevoll um mich. Es hat etwas gedauert, aber heute bin ich meine eigene **beste Freundin.** Und genau das ist es, was ich mir für dich auch wünsche. In dieser Self-Care-Box teile ich die wichtigsten Erkenntnisse aus über einem Jahrzehnt meiner Arbeit und Recherche mit dir. Ich hoffe, sie inspirieren dich dazu, dir selbst jeden Tag ein bisschen mehr Aufmerksamkeit, Liebe und Fürsorge zu schenken.

Deine Sina ♡

WAS IST SELF-CARE?

Self-Care ist aktuell in aller Munde, dabei ist „Selbstfürsorge“ kein neues Konzept. Es meint die Fähigkeit, sich gut um sich selbst zu kümmern. Im Idealfall passiert Self-Care ganz intuitiv, indem wir auf unseren Körper und unsere Bedürfnisse hören. Aber dafür bleibt zwischen Arbeit, Familie, immer höheren Erwartungen und mehr Verpflichtungen meist keine Zeit. Wir erlauben uns selten innezuhalten und ganz „egoistisch“ das zu tun, was gerade am besten für uns wäre. Stattdessen stellen wir eigene Bedürfnisse hintenan und tun gerade genug für uns selbst, um für andere und unsere Aufgaben weiter funktionieren zu können. So auf energetischer Sparflamme zu leben steht nicht nur deinem persönlichen Glück und gesundheitlichen Wohlbefinden im Weg, sondern nimmt dir auch die Kraft für andere da zu sein.

Im Kontrast zu unserer Selbstvernachlässigung im Alltag steht das Bild von Self-Care, das in Medien, Werbung und auf Social Media gezeichnet wird. Es ist oft weit von der Realität entfernt: Schaumbad mit Rosenblättern, Gesichtsmaske am Pool, ein Shopping-Marathon oder Massage und Maniküre im Spa. Oft steckt dahinter kein authentischer Moment der Selbstfürsorge, sondern Marketing und Selbstdarstellung. Du brauchst weder ein dickes Portemonnaie noch eine Woche Strandurlaub für richtig wirksame Self-Care. Wahre Self-Care ist kostenlos und passiert in den kleinen Momenten des Alltags. Sie ist eine selbstliebende Lebenshaltung, die wir täglich aufs Neue umsetzen müssen, indem wir verändern, wie wir über uns selbst denken, mit uns sprechen und uns um uns kümmern. Deshalb geht es in diesem Buch sehr viel um Glaubenssätze, Selbstliebe und mentale Widerstandsfähigkeit.

DIE RICHTIGE SELF-CARE FÜR DICH

Bei Self-Care geht es nicht darum, die Gewohnheiten und den Lebensstil anderer zu übernehmen. Lass uns stattdessen herausfinden, was Self-Care für dich persönlich bedeutet. In jedem Kapitel werde ich dir Fragen zur Selbstreflexion stellen. Lass dir bei ihrer Beantwortung ruhig Zeit. Dabei gibt es kein Richtig oder Falsch.

Stück für Stück findest du durch die Arbeit mit diesem Buch Antworten auf Fragen wie diese:

- Was tut mir wirklich gut? Was nicht?
- Wie fühlt sie die beste Version von mir selbst an?
- Wie möchte ich leben?
- In was und wen möchte ich meine Zeit und Energie investieren?
- Welche Self-Care-Routinen und Übungen passen zu mir und meinem Leben?
- Was möchte ich loslassen?
- Wie stehe ich mir noch selbst im Weg und was kann ich dagegen tun?

DIE ACHT DIMENSIONEN VON SELF-CARE

Self-Care lässt sich auf alle Bereiche deines Lebens anwenden. Dabei geht es vor allem darum, eine selbstliebende Grundhaltung bei allem was du tust zu entwickeln. Viele Menschen denken, dass das Leben vor allem aus Arbeit und Fleiß besteht und ein bisschen Self-Care am Wochenende dann wieder alles ins Lot bringt. Das kann aber selbst die beste Self-Care nicht leisten. Gesünder und ganzheitlicher ist es, in jeden Bereich und Tag ein bisschen Self-Care zu integrieren.

Damit du keinen Aspekt deines Lebens außer Acht lässt, kannst du dich an den acht Dimensionen von Self-Care auf der nächsten Seite orientieren. Geh sie gedanklich oder schriftlich durch und überlege, wie es jeweils um dein Wohlbefinden steht. Ich mache diese „Anamnese“ auch mit neuen Klienten. Wir verschaffen uns gemeinsam einen Überblick über den Ist-Zustand. Oft kommen Klienten mit ganz konkreten Vorstellungen zu mir, woran sie arbeiten sollten. Es stellt sich dann häufig heraus, dass ihre Probleme aus einem anderen, bisher wenig beachteten Bereich ihres Lebens herrühren. Deshalb ist genaues Hinschauen ein Grundkonzept meiner Arbeit. Nur wenn du ehrlich zu dir selbst bist und auch dahin guckst, wo es „wehtut“, kannst du positive Veränderungen in Gang setzen. Es ist zwar okay, phasenweise Schwerpunkte zu setzen und alles andere zu vernachlässigen, aber das sollte kein Dauerzustand sein. Betrachte dein Leben immer aus einer ganzheitlichen Perspektive, denn scharfe Trennlinien gibt es sowieso nicht. Alles ist miteinander verknüpft. Wenn ein Bereich leidet, wirkt sich das irgendwann auch auf die anderen Lebensbereiche aus. Genauso wird wiederum der

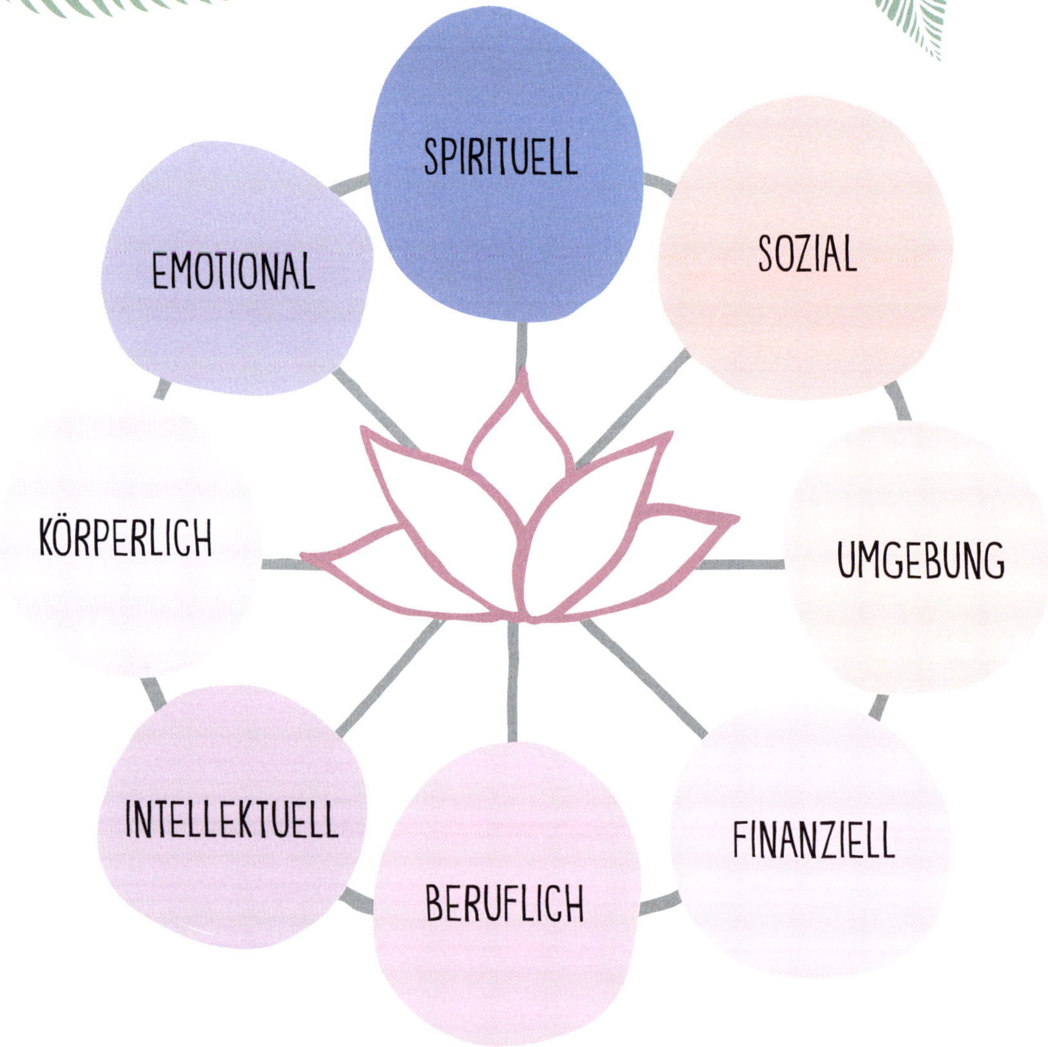
SPIRITUELL
EMOTIONAL
SOZIAL
KÖRPERLICH
UMGEBUNG
INTELLEKTUELL
FINANZIELL
BERUFLICH

Effekt von mehr Self-Care auf einer Ebene positiv auf andere Ebenen abstrahlen. Hier ist (ohne Anspruch auf Vollständigkeit) beispielhaft erklärt, was sich hinter den einzelnen Dimensionen verbirgt.

Körperlich: Du kümmerst dich so um deinen Körper, dass du jetzt und in Zukunft gesund und voller Energie bist.

Emotional: Du verstehst und würdigst deine eigenen Gefühle, Werte und Charakterzüge, kannst deine Emotionen gut und konstruktiv handhaben und hast auch Verständnis für die Gefühle anderer. Dem Leben stehst du enthusiastisch und positiv gegenüber.

Spirituell: Du hast eine Aufgabe und einen Sinn im Leben und weißt, was dir wichtig ist. Du handelst im Einklang mit deinen Einstellungen und Werten.

Sozial: Du pflegst gesunde Beziehungen und genießt die Gesellschaft anderer Menschen, schließt Freundschaften und Liebesbeziehungen. Du bringst dich in deinem sozialen Umfeld ein, hilfst anderen und lässt dir helfen.

Umgebung: Du verstehst, wie dein soziales Umfeld, dein Zuhause und die natürliche Umgebung um dich herum sich auf deine Gesundheit und dein Wohlbefinden auswirken. Du bist dir außerdem bewusst über die Auswirkungen deines Handelns auf unsere Erde und trägst dazu bei, sie zu schätzen und zu schützen.

Finanziell: Du verwaltest dein Geld achtsam, triffst bewusste Entscheidungen und Investitionen, legst etwas für kurzfristige oder langfristige Ziele und Notfälle zurück.

Beruflich: Du übst eine Tätigkeit aus, die dich erfüllt, dein Leben bereichert und die zu deinen Werten, Zielen und deinem Lebensstil passt. Dein individuelles Talent, Wissen und deine Fertigkeiten kommen bei deiner Arbeit zum Einsatz.

Intellektuell: Du entwickelst dich weiter, bleibst neugierig, kultivierst lebenslanges Lernen und kannst gut mit Veränderungen umgehen und flexibel auf sie reagieren. Du baust deine Fähigkeiten stetig aus und findest Möglichkeiten, dein Wissen und Talent mit anderen zu teilen und weiterzugeben.

IST SO VIEL SELF-CARE NICHT EGOISTISCH?

Eine Sache möchte ich dir ganz besonders ans Herz legen: Du bist nicht egoistisch, wenn du dich und deine Bedürfnisse an erste Stelle stellst. Nur wenn deine eigenen Energiereserven aufgefüllt sind, kannst du aus vollem Herzen Energie in andere investieren. Schreib dir am besten eine Erinnerungsnotiz auf einen Zettel und klebe ihn an deinen Badezimmerspiegel: **Ich bin wichtig. Ich bin wertvoll. Ich verdiene Liebe und Fürsorge.** Formuliere in deinen eigenen Worten ein paar Sätze, die sich gut anfühlen und dich morgens direkt auf Self-Care einstimmen.

Als Gesellschaft sind wir unglaublich gut darin, uns gegenseitig ein schlechtes Gewissen einzureden, wenn wir uns „zu viel" um uns selbst kümmern. Wir sollen und wollen eine gute Mutter, Freundin, Tochter, Partnerin oder Mitarbeiterin sein. Produktivität wird belohnt. Um es ruhig angehen zu lassen, brauchen wir dagegen einen guten Grund. Oft müssen wir erst gesundheitlich angeschlagen sein, um uns Pausen oder eine Auszeit zu gönnen. Ich habe entschieden, mir diesen Schuh nicht mehr anzuziehen.

Ich war nämlich noch nie eine große Hilfe oder besonders nette Gesellschaft für meine Mitmenschen, wenn ich selbst auf dem Zahnfleisch ging, mich vernachlässigt habe und deshalb unwohl fühlte.

Je netter du zu dir selbst bist, desto netter kannst du auch zu allen anderen sein. Und darum geht es schließlich am Ende des Tages. Liebe dich selbst, liebe andere und liebe das Leben. Und falls du immer noch auf die Erlaubnis wartest, dich selbst an erste Stelle stellen zu dürfen: **Hier ist sie.** Und sie hat lebenslange Gültigkeit.

TIPP:
NUTZE EIN MORGEN-MANTRA WIE „ICH VERDIENE FÜRSORGE", UM DICH TÄGLICH AN DEIN RECHT AUF SELF-CARE ZU ERINNERN.

DEIN SELF-CARE-NEUSTART

Indem du dieses Buch aufschlägst, bist du bereits den ersten großen und wichtigen Schritt in Richtung eines glücklicheren Lebens gegangen. Darauf darfst du jetzt schon stolz sein. Du hast Ja zu dir selbst gesagt. Du nimmst dich wichtig genug, um dich bewusst mit dir selbst und deinen Bedürfnissen zu beschäftigen. Das ist nicht etwa egoistisch, sondern unverzichtbar. Je zufriedener und gesünder du bist, desto mehr kannst du andere Menschen mit deiner Lebensfreude anstecken.

Es ist nie zu spät, um mit Self-Care anzufangen oder mehr davon in dein Leben zu integrieren. Wir denken oft, ab einem gewissen Alter sei unser Wesen fertig geformt. Wir sagen Floskeln wie „Ich kann nicht aus meiner Haut“, ohne sie zu hinterfragen. Dabei kannst du dich in jeder Phase deines Lebens noch ändern. Dafür musst du nur bereit sein, immer wieder aktiv dein Bewusstsein einzuschalten um deine unterbewussten Denk- und Verhaltensmuster zu verändern. Genau das ist wirksame Self-Care. Eine aktive, bewusste Lebensführung, bei der du dich regelmäßig fragst: „Was tut mir jetzt wirklich gut?“

WIE DU DIE SELF-CARE-BOX OPTIMAL NUTZT

1. Das Buch

Du kannst das Buch von vorne bis hinten lesen oder es jederzeit an irgendeiner Stelle aufschlagen, wenn du einen Rat oder Impuls zu Self-Care suchst. Wähle einfach eine Kapitelüberschrift, die sich für dich gerade richtig anfühlt. Jeder Abschnitt enthält Fragen zur Selbstreflexion sowie Übungen und Tipps, die sich leicht in den Alltag integrieren lassen. Die meisten sind so konzipiert, dass schon fünf Minuten Zeit reichen. Ich möchte dich aber ermutigen, dir mindestens einmal pro Woche eine Stunde ganz für dich und deine Self-Care freizuschaufeln.

2. Die Karten

Self-Care entfaltet ihr volles Potenzial, wenn sie regelmäßig Teil deines Lebens ist. Eine besonders schöne Art, Self-Care zu integrieren, sind Rituale. Deshalb findest du auf den beiliegenden Karten 15 meiner liebsten und kraftvollsten Rituale. Sie müssen gar nicht lange dauern, aber du solltest dich auch nicht dabei hetzen. Wenn du nur 15 Minuten Zeit für dich hast, dann nimm dir diese Zeit ganz bewusst und plane nicht zu optimistisch. Heißt: Nimm dir nur so viel vor, wie du in Ruhe schaffen kannst.

Rituale und Gewohnheiten – was ist der Unterschied?
Aktivitäten werden zu einem Ritual, sobald wir ihnen mehr Bedeutsamkeit und eine Intention verleihen. Im Gegensatz zu einer Gewohnheit wie Zähneputzen, was du sicher ganz ohne darüber nachzudenken machst, passiert ein Ritual bewusster. Es geht darum, innezuhalten und sich mit dir selbst zu verbinden. Wenn du zum Beispiel jedes Mal beim Zähneputzen einen achtsamen Body-Scan machst und von Kopf bis Fuß fühlst, wie es dir geht, hast du ein Ritual geschaffen.
Die Karten beschreiben immer die „Basisversion“. Wenn du mehr Zeit hast, kannst du jedes Ritual weiterentwickeln und mehr zu deinem eigenen machen. Self-Care-Rituale sollen Spaß machen, sich wie eine Belohnung anfühlen und dich auf keinen Fall zusätzlich stressen.

Auf den Karten findest du außerdem Affirmationen und Zitate, die dir guttun sollen. Du kannst dir eine passende Karte aussuchen und in deinem Portemonnaie bei dir tragen, um dich mehrmals am Tag daran zu erinnern.

3. Das Journal
Das ist dein Platz zur freien Entfaltung deiner Gedanken. Journaling hilft uns, wieder mit unserer inneren Stimme in Kontakt zu kommen und eigene Lösungen für Probleme zu finden. Ich bin fest davon überzeugt, dass wir die Lösungen für fast alle Situationen bereits in uns tragen. Aber oft stellen wir uns selbst nicht die richtigen Fragen oder trauen uns nicht ehrlich zu antworten. Journaling hilft dir, einen Blick „hinter die Kulissen“ deiner Gedanken zu werfen und deine wahren Bedürfnisse zu ergründen. Hinterher fühlst du dich aufgeräumt und befreit. Nutze dein Journal, um bei der Arbeit mit dem Buch und den Karten Notizen und Erkenntnisse festzuhalten. Übungen, die sich besonders gut schriftlich ausführen lassen, sind im Buch mit dem Stift-Symbol markiert.

Kapitel 1

ICH NEHME MICH WAHR

Damit Self-Care ein Teil deines täglichen Lebens werden kann, sind eine achtsame Selbstwahrnehmung und ein liebevoller innerer Dialog mit dir selbst unverzichtbar. Nur so kannst du rechtzeitig auf deine Bedürfnisse eingehen und dich mit deinen Gefühlen auseinandersetzen. In diesem Kapitel geht es darum, dass du dich selbst wieder in den Mittelpunkt stellst und dir auch Zeit für Self-Care erlaubst, wenn du noch nicht alles auf deiner To-Do-Liste abgehakt oder es allen Menschen um dich herum recht gemacht hast. Das hast du dir verdient. Versprochen!

DEINE BEDÜRFNISSE SIND WICHTIG

An welcher Stelle kommst du gerade? Deine Bedürfnisse sind genauso wichtig wie die deiner Familienmitglieder, Freunde und Kollegen. Auch wenn es oft als noble Charaktereigenschaft eingestuft wird, eigene Bedürfnisse hintanzustellen, hat in Wirklichkeit niemand etwas davon. Wenn es dir gut geht, geht es allen um dich herum auch besser. Und du hast mehr vom Leben. Trotz Pausen. Deshalb ist jetzt dein erster Schritt: Erlaube dir zu fühlen und Bedürfnisse zu haben.

Manchmal wissen wir ja auch gar nicht so genau, was eigentlich mit uns los ist. Wir spüren nur, dass irgendwas nicht stimmt. Wir sind unzufrieden, reizbar oder ständig müde. In unserem hektischen Alltag ist es dann oft leichter auf Autopilot zu schalten und zu funktionieren, als innezuhalten und uns mit unseren Gefühlen und Bedürfnissen zu beschäftigen. Probleme die wir nicht benennen, lassen sich leichter verdrängen. Das heißt allerdings nicht, dass sie nicht weiter in unserem Unterbewusstsein herumspuken und Energie fressen. Unterdrückte Bedürfnisse bahnen sich immer einen Weg an die Oberfläche. Nur leider kommen sie ohne Beipackzettel, wir müssen sie selbst entschlüsseln.

Sei ehrlich mit dir selbst

Manchmal ist alles was wir brauchen ein ehrliches Selbstgespräch. Wenn dir mal wieder alles zu viel ist und nichts zu helfen scheint, frage dich selbst: „Hey, was ist denn eigentlich gerade los? Was passiert hier wirklich hinter den Kulissen?“ Bist du vielleicht gekränkt? Sauer? Übermüdet? Neidisch? Erlaube dir ganz ehrlich zu antworten, ohne dabei zu zensieren oder zu werten. Erst wenn du das Problem beim Namen nennst, kannst du es aus der Welt schaffen. Oder wenigstens eine passende Self-Care-Strategie auswählen.

DIE SIGNALE DEINES KÖRPERS

Unser Körper weiß oft schon vor unserem Verstand, was wir wirklich brauchen. Er sendet uns ständig Signale über unser Nerven- und Hormonsystem, die entweder sofort spürbar werden oder sich nach einiger Zeit als chronische Zipperlein wie Rückenschmerzen, Abgeschlagenheit oder Magenschmerzen einschleichen.

Liebevolle Self-Care bedeutet, dass wir die Signale unseres Körpers nicht als störend bewerten. Wenn wir denken: „Wenn ich doch nur nicht so empfindlich wäre, dann könnte ich die eine Spätschicht auch noch wegstecken. Alle anderen schaffen das doch auch“, gehen wir mit uns selbst viel zu hart ins Gericht. Unser Körper will schließlich nur, dass es uns gut geht. Gehen wir achtsam und liebevoll mit ihm um, können wir sein Feedback wie ein Frühwarnsystem nutzen. Wir sprechen dann von Bauchgefühl und Intuition. Beide helfen uns, Entscheidungen zu treffen, die uns gesund und glücklich machen. Fange wieder damit an, in dich selbst hineinzuhorchen und auf deine Gefühle und Körpersignale zu achten.

Hör hin, wenn dein Körper mit dir spricht

Am Anfang musst du dir dein Körpergefühl vielleicht zurückerarbeiten. Vor allem, wenn du es lange ignoriert hast. Mit einem achtsamen Mini-Body-Scan kannst du einen guten Anfang machen. Nimm dir dazu dreimal täglich bewusst eine Minute Zeit, um dich mit deinem Körper zu verbinden. Richte dir am besten eine Erinnerung in deinem Handy ein, damit du es nicht vergisst. Such dir einen ruhigen Ort, setze dich bequem hin, stelle beide Füße auf den Boden, nimm ganz bewusste und tiefe Atemzüge. Scanne gedanklich deinen Körper von den Zehen bis zur Kopfhaut: Wie fühlt er sich an? Sind bestimmte Stellen verspannt oder schmerzen? Wie ist die Temperatur? Wie sind dein Herzschlag und deine Atmung? Nimm die Signale deines Körper bewusst war. Und überlege dann, was dir jetzt guttun könnte. Wenn dir nichts einfällt, denk daran was dir in der Vergangenheit gutgetan hat. Vielleicht musst du dich dehnen, bewegen, Wasser trinken oder kurz eine Freundin anrufen und Dampf ablassen.

Für einen noch stärkeren Effekt kannst du dir für den Body-Scan auch fünf bis zehn Minuten Zeit nehmen und ihn im Liegen ausführen, zum Beispiel am Abend. Dann kannst du wunderbar alle Körperteile nacheinander ganz bewusst entspannen. Schule dich Stück für Stück darin, Experte für die Signale deines Körpers zu werden.

TEILE DEINE BEDÜRFNISSE MIT

Machst du es anderen gern recht? Vielleicht sogar zu deinem eigenen Nachteil oder Leidwesen, nur weil Harmonie für dich das Wichtigste ist? Oder reißt du dir für andere ein Bein aus, obwohl du selbst schon auf dem Zahnfleisch gehst? Damit bist du nicht allein, viele Menschen tun das. Insgeheim suchen wir dabei meistens nach Anerkennung, Wertschätzung und Zugehörigkeit zu unseren Mitmenschen. Auf Dauer ist dein Aufopfern aber für alle Beteiligten schlecht, denn du kommst zu kurz und wirst dadurch genervt, erschöpft und unzufrieden, worunter auch deine Beziehungen leiden. Versuche stattdessen mal, deine Bedürfnisse ehrlich mitzuteilen. Das ist überhaupt nicht egoistisch, das ist Self-Care.

Folgende Tipps helfen dabei, dass sich niemand vor den Kopf gestoßen fühlt:

- Sende Ich-Botschaften wie: „Ich möchte gerne gesünder essen, weil es mir dann besser geht und ich mehr Energie habe, etwas Schönes mit dir zu unternehmen."
- Nimm die Befriedigung deiner Bedürfnisse in deine eigene Hand. Wenn du dich nach mehr Zeit in der Natur statt vor dem Fernseher sehnst, dann suche eine schöne Spazierroute oder ein Ausflugsziel aus und trage einen passenden Termin in den Kalender ein.
- Wenn du dir wünschst, dass jemand sein Verhalten verändert, dein Partner zum Beispiel gesünder lebt, geh lieber mit gutem Beispiel voran, anstatt lange zu argumentieren. Wenn andere sehen, wie gut dir eine bestimmte Gewohnheit tut, werden sie von allein anfangen Fragen zu stellen und es selbst ausprobieren wollen.
- Kommuniziere proaktiv, nicht reaktiv. Mach lieber vorher klar, was du dir wünschst, als hinterher beleidigt zu sein, weil dein Gegenüber nicht Gedanken lesen kann.

BEGLEICHE DEINE BEDÜRFNIS-SCHULDEN

Was bleibt gerade auf der Strecke? Notiere alles, was momentan zu kurz kommt und dadurch dein Wohlbefinden beeinträchtigt. Suche anschließend zwei Punkte aus der Liste aus: Erstens die Sache, die dich am meisten belastet und du am dringlichsten angehen musst. Und zweitens die Sache, die du am schnellsten und einfachsten ändern kannst. Konzentriere dich zuerst darauf, diese zwei Dinge zu verändern. Die Top-Zwei-Vorgehensweise hilft dir, deine Bedürfnisse zu priorisieren und dich nicht von allgemeiner Unzufriedenheit überwältigen zu lassen. Wenn wir denken, es sei doch eh alles doof gerade, verändern wir meistens gar nichts, weil wir nicht wissen, wo wir anfangen sollen. Mit dieser Methode räumst du sowohl ein großes Problem aus dem Weg und fährst auch ein schnelles Erfolgserlebnis mit dem Lösen des kleinen Problems ein. Zu einem späteren Zeitpunkt kannst du zu deiner Liste zurückkehren, neue Punkte ergänzen und den Prozess wiederholen.

Versuche dein Bedürfniskonto nicht so sehr ins Minus abrutschen zu lassen, dass erst eine Woche durchschlafen dich wieder auf die Beine bringt. Plane lieber hier und da kleine Self-Care-Momente in jeden Tag ein.

DEINE GLAUBENSSÄTZE

Was möchtest du über dich selbst denken? Ob du dir darüber bewusst bist oder nicht, in deinem Kopf erzählst du dir permanent eine Geschichte über dich selbst und dein Leben. Sie beeinflusst, wie du Situationen bewertest, Entscheidungen triffst, ob du Chancen ergreifst und welche Beziehungen du eingehst. Und natürlich auch, wie du dich selbst behandelst und wie wichtig dir deine Self-Care ist.

Diese Geschichten haben wir aus einzelnen Glaubenssätzen zusammengesetzt und meist schon in der Kindheit „abonniert". In jungen Jahren sind wir besonders beeinflussbar durch Ratschläge, vorgelebtes Verhalten und Meinungen anderer. Manche unserer Glaubenssätze sind Projektionen der Ängste oder Vorurteile unserer Bezugspersonen. Andere sind wertende Sätze unserer Eltern oder Lehrer, etwa „Du kannst nicht mit Zahlen umgehen" oder „Du bist ein Genie." Je öfter wir diese Aussagen über uns selbst hören, desto eher glauben wir sie und verankern sie in unserem Unterbewusstsein. Wir neigen dazu, die Ereignisse unseres Lebens so zu bewerten, dass sie zu der Geschichte passen, die wir zu unserer eigenen gemacht haben. Denn unser Gehirn versucht im Autopilot-

Modus immer das zu bestätigen, was es bereits weiß. So machen uns einige Geschichten stark, andere stehen uns im Weg. Wenn du glaubst, dass du ein Glückskind bist, wirst du dem Leben vermutlich gut vertrauen können und optimistisch an neue Situationen herangehen. Wenn du stattdessen die Geschichte „Ich bin ein Pechvogel" verinnerlicht hast, wirst du mehr Skepsis und weniger Selbstbewusstsein haben. Vielleicht lässt du sogar spannende Chancen verstreichen, weil du dir selbst zu wenig zutraust. Betreibe Self-Care für deine Gedanken und achte darauf, dir ab jetzt selbst eine fröhliche Heldengeschichte zu erzählen statt eines Dramas.

FINDE DEINE (NEUEN) GLAUBENSSÄTZE

Du bist deinen Gedanken nicht ausgeliefert, sondern darfst deine Geschichte jederzeit umschreiben und neu bewerten. Natürlich kann dein Leben durch Umstände und Erfahrungen, die nicht in deiner Macht liegen, in eine bestimmte Richtung gelenkt werden. Andere Menschen können dich beeinflussen. Aber du kannst durch deine Gedanken eine Sicht auf die Dinge entwickeln, die es dir ermöglicht, positiv und lösungsorientiert nach vorne zu blicken.

Identifiziere Glaubenssätze und Geschichten, die dich limitieren, runterziehen und klein halten. Schreibe sie auf. Dann hinterfrage kritisch, ob du weiter an sie glauben willst. Was ist der Vorteil und was der Nachteil, wenn du weiter an sie glaubst? Mit Aussagen wie „Ich hab zwei linke Füße" kannst du dich vielleicht dein Leben lang auf Feierlichkeiten aus der Affäre ziehen, aber wer weiß: Vielleicht wäre Tanzen dein neues Lieblingshobby geworden?

Formuliere limitierende Glaubenssätze zu stärkenden, motivierenden Sätzen um. Aus „Ich bin halt so" wird zum Beispiel „Ich kann das auch anders machen." Schreib deine neuen Glaubenssätze auf und sage sie dir jeden Morgen laut vor. Das ist ein längerer Prozess, wird aber dein Leben verändern. Denn plötzlich ist wieder alles möglich.

POSITIV DENKEN JEDEN TAG

Hat schon mal jemand zu dir gesagt „Du musst einfach positiv denken“, als du richtig schlechte Laune hattest? Wahrscheinlich hast du mit den Augen gerollt und dir war kein Stück geholfen. Positiv denken ist eine ziemlich überstrapazierte Floskel, aber dahinter steckt ein wahnsinnig kraftvolles Konzept. Nämlich die Fähigkeit, deine Gedanken bewusst zu steuern. Anstatt sie als etwas wahrzunehmen, was dir passiert oder dich überrollt, nimmst du sie in deine eigene Hand. Du musst dafür kein Dauergrinsen aufsetzen und ab jetzt alles immer toll finden. Aber du musst dich auch nicht mit selbstkritischen oder pessimistischen Gedanken zusätzlich selbst stressen. Ich möchte dir lieber ein Modell an die Hand geben, mit dem du in jeder Situation – auch den richtig unangenehmen – Gedanken wählen kannst, die dir guttun und dich weiter bringen.

Dafür musst du nur eins verstehen: Du bist nicht deine Gedanken. Du hast Gedanken. Unbeachtet spielt dein Unterbewusstsein automatisch eine Gedanken-Dauerschleife ab. Das heißt aber nicht, dass jeder dieser Gedanken stimmt. Denn zum Glück gibt es noch eine zweite Instanz, dein Bewusstsein. Erinnere dich im Alltag immer wieder daran, es aktiv zu nutzen, um negative Gedanken zu hinterfragen und zu verändern. Denn du kannst nicht immer die Umstände und schon gar nicht andere Menschen ändern, aber deine Gedanken gehören dir. Daran erinnere ich mich selbst immer mit dieser Wirkungskette:

Deine Gedanken → deine Interpretation der Realität → deine Gefühle → deine Handlungen → deine Resultate

Heißt: Wie du über dich selbst und das Leben denkst (das sind deine Glaubenssätze, die wir schon auf der vorigen Seite kennengelernt haben), beeinflusst, wie du Ereignisse bewertest. Deine Bewertung bestimmt, wie du dich daraufhin fühlst, für welche Reaktion du dich entscheidest und was du dadurch für ein Ergebnis erzielst. Das erklärt, warum mehrere Menschen ein und dieselbe Situation völlig unterschiedlich interpretieren und verschiedene Reaktionen zeigen können.

ALLE GEFÜHLE ZULASSEN

Schöne Gefühle teilen wir meist gern und ohne Scheu mit anderen. Unangenehme Gefühle dagegen fressen wir oft in uns hinein – oder verleugnen sie sogar vor uns selbst. Entweder weil wir uns schämen, nicht wissen, wie wir mit ihnen umgehen sollen oder Angst vor dem Schmerz haben, den sie in uns auslösen könnten. Eine Weile können wir uns mit Kompensationsverhalten wie Essen, Alkohol trinken oder Serien gucken ablenken. Das heißt aber nicht, dass unsere Gefühle nicht weiter unter der Oberfläche köcheln.

Unangenehme Gefühle zu vermeiden kannst du dir vorstellen, als wenn du sie in deiner Faust einschließt. Du siehst sie vielleicht nicht, aber sie sind noch da. Und solange du sie fest umklammerst, können sie auch nicht verschwinden. Stattdessen wendest du die ganze Zeit Energie dafür auf, deine Hand fest geschlossen zu halten, damit niemand den Inhalt zu sehen bekommt. Wäre es nicht leichter, sich den Gefühlen zu stellen und sie dann ziehen zu lassen?

Wenn du bisher negative Gefühle eher verdrängst oder vermeidest, hilft es dir vielleicht, dich ab jetzt bewusst für alle Emotionen zu entscheiden. So bist deinen Gefühlen nicht ausgeliefert, sondern wählst sie aktiv.

Du kannst dir auch ein bewusstes Zeitfenster mit anschließendem Grübel-Stopp geben. Stelle dir dazu einen Wecker auf 15 Minuten, in denen du dich bewusst mit deinen Gefühlen auseinandersetzt. Horche in dich hinein und fühle, was da ist. Betrachte deine Gefühle, ohne etwas gegen sie zu unternehmen. Erlaube ihnen, da zu sein. Sie können dir nichts anhaben. Sie sind nur Schwingungen und Energie. Lass sie einfach kommen und gehen, wie eine Welle. Lass Tränen kullern, boxe wütend in ein Kissen oder tu, was sich richtig anfühlt, um das Gefühl aus deinem Körper zu leiten. Nach ein paar Minuten wird es schwächer werden und dann ganz vergehen. Kein intensives Gefühl bleibt lange bei dir.

Wenn du denkst, dass du dich genug deinem Gefühl hingegeben hast oder die Zeit um ist, nutze einen bewusstes Übergangsritual: den Grübel-Stopp. Am besten wechselst du dafür die Umgebung. Gehst zum Beispiel eine Runde spazieren oder in ein anderes Zimmer. Du kannst auch Bewegung nutzen, die Trauer oder Wut mit den Fingern wegschnipsen, abschütteln oder wegtanzen. Eine Dusche kann ebenso helfen. Nimm anschließend tiefe Atemzüge und fühle, ob du dich jetzt erleichtert fühlst und deine Energie wieder frei fließen kann.

Kapitel 2

ICH TANKE ENERGIE

Energie ist die wichtigste Währung unseres Lebens. Ohne sie geht nichts. Du kannst körperlich gesund sein, aber wenn deine Gedanken missmutig sind, du dich für nichts begeistern kannst und dir der Antrieb fehlt, dann fehlt dir die Energie fürs Leben. Sie zu schützen und sorgsam mit ihr umzugehen ist ein großer Teil von Self-Care.

WIE VOLL IST DEIN TANK?

Kannst du energetisch aus dem Vollen schöpfen oder verausgabst du dich mehr, als du regenerierst und häufst täglich Energieschulden an? Es hilft, ab und zu eine Vogelperspektive einzunehmen und eine Self-Care-Inventur zu machen: Was trägt Tag für Tag zu meinem Wohlbefinden bei und lädt meine Akkus auf? Was raubt mir Energie? Besteht ein Ungleichgewicht?

Der folgende Selbsttest nutzt das Bild eines Kaffeebechers. Der Inhalt des Bechers repräsentiert deine Energiereserven. Ist er bis zum Rand gefüllt, sprudelst du nur so vor Lebensenergie. Du fühlst dich rundum gut versorgt und tust dir oft Gutes. Du hast mehr Energiespender in deinem Leben als Energiediebe. Überwiegen dagegen kräftezehrende Umstände, verhält es sich wie mit einem Fass ohne Boden. Du füllst zwar deine Reserven auf, zum Beispiel mit Schlaf, gutem Essen oder Zeit mit Freunden. Doch weil Energieräuber wie Stress in der Familie und im Job, Streitereien, Sportmangel oder das Gefühl zu kurz zu kommen deutlich überwiegen, fühlst du dich energetisch nie ganz aufgeladen. Self-Care heißt, deine Energiereserven stets ganz voll zu machen und anderen von deinem Überfluss etwas abzugeben, anstatt selbst ständig Energieschulden zu machen.

Selbsttest: Dein Self-Care-Cup

Schritt 1:
Stell dir vor wie du dich fühlst, wenn du dich bestmöglich um dich selbst kümmerst. Wenn du genug Zeit in Self-Care investiert und deine Energiereserven aufgefüllt hast. Wenn du sowohl produktiv bist als auch Zeit für Spaß und Entspannung einbaust. Wie fühlst du dich? Was machst du? Wie gehst du durchs Leben? Beschreibe diesen Idealzustand im Inneren des Bechers. Zum Beispiel: Ich bin den ganzen Tag über energiegeladen, gehe endlich zu dem Sportkurs, den ich so lange ausprobieren wollte und nehme mir abends Zeit für ein gutes Buch.

ENERGIESPENDER

Beispiel für den Füllstand deines Self-Care-Bechers.

ENERGIERÄUBER

Schritt 2:
Liste oberhalb des Self-Care-Cups alles auf, was dir im Alltag Energie spendet, eine Freude macht und dazu beträgt, dass du dich so fühlst wie in Schritt 1 beschrieben. Denk an Dinge wie Schlaf, Hobbys, Familie, erfüllende Aufgaben im Job, gute Freunde, geliebte Rituale wie ein Kaffee am Morgen, Spaziergänge … Das alles sind deine Energielieferanten. Sie füllen deinen Self-Care-Cup.

Schritt 3:
Denke nun an alles, was deine Energiereserven verbraucht, dich Nerven kostet und dich weiter von deinem Wohlfühlzustand entfernt. Vermeintliche Kleinigkeiten wie ein beschwerlicher Arbeitsweg, die übliche Familien-Hektik am Morgen, Überstunden oder eine unbequeme Matratze können bereits einen großen Effekt haben. Schreib alles unterhalb des Cups als Energieräuber auf.

Schritt 4:
Betrachte das Gesamtbild. Überwiegen die Energiespender oder -räuber? Welches sind die wichtigsten Faktoren? Wie kannst du vorhandene Energieräuber vermeiden oder vermindern? Wie kannst du mehr Energiespender einbauen? Schreib dir Dinge auf, die du neu beginnen oder öfter machen möchtest. Überlege dann, wie dir das in der täglichen Umsetzung gelingen kann. Schau auch, was du weniger oder gar nicht mehr machen möchtest und wie du das hinbekommst.

Du kannst diese Übung alle drei Monate wiederholen. Es ist ganz normal, in alte Muster zurückzufallen, wenn uns der Alltagsstress einholt. Je achtsamer wir mit uns selbst sind, desto besser können wir rechtzeitig gegensteuern und unsere Self-Care-Bilanz ins Positive umkehren.

TIPP:
GEWÖHNE DIR AN, IMMER WENN DU EINEN KAFFEE ODER TEE TRINKST GEDANKLICH DEN FÜLLSTAND DEINES SELF-CARE-CUPS ZU ÜBERPRÜFEN.

SELF-CARE-WUNDERMITTEL SCHLAF

Genug und gut zu schlafen ist heutzutage echter Luxus. Unser Terminplan wird immer voller und unsere Angst etwas zu verpassen immer größer. Wenn du Kinder hast, weißt du erst recht, wie sehr Schlafmangel deinem Kopf, Körper und deiner Stimmung zusetzt. Auch als ehemalige Bewohnerin der Stadt, die niemals schläft, habe ich Erfahrungen mit sämtlichen Formen des Schlafentzugs gemacht. Inzwischen habe ich gelernt, dass Schlaf wichtiger ist als gesundes Essen und Sport zusammen. Er bildet das Fundament, auf dem alles andere aufbaut: deine Stimmung, Leistungsfähigkeit, Verdauung, Gesundheit und dein Gedächtnis. Wenn du mit deiner Schlafsituation unzufrieden bist, empfehle ich dir, dort als erstes positive Veränderungen anzustoßen. Mindestens sieben Stunden guter Schlaf pro Nacht sollte dein Ziel sein.

Die Checkliste für guten Schlaf

- Gewöhne dich an Regelmäßigkeit. Zu den gleichen Zeiten aufzustehen und ins Bett zu gehen ist die wichtigste Stellschraube für guten Schlaf. Menschen sind eben Gewohnheitstiere. Ein festes Self-Care-Abendritual hilft dir dabei.

- Meide Kaffee in der zweiten Tageshälfte. Koffein kann bis zu acht Stunden im Körper bleiben und auch ohne dass du es merkst deine Schlafqualität stark beeinträchtigen.

- Wenn du schwer einschläfst, bekommt dir sanfte Bewegung am Abend vermutlich besser als ein Power-Workout. Bei intensiver Bewegung schüttet dein Körper den Wachmacher Adrenalin aus.

- Halte dein Schlafzimmer möglichst kühl (maximal 18 °C) und dunkel. Wenn du keine Verdunklungsvorhänge hast, tut dir vielleicht eine Schlafbrille gut. Achte auch auf kleine Lichtquellen wie Steckdosenleisten und Stand-by-Knöpfe.

- Dimme das Licht in deiner ganzen Wohnung nach 21 Uhr.

- Bei Schlafproblemen kann die tägliche Einnahme eines Magnesium-Präparats helfen. Das Mineral trägt auch dazu bei, deine Muskeln leicht zu entspannen.

- Der Duft von Lavendel entspannt deine Sinne. Ich habe immer ein kleines Duftsäckchen oder ein Kissenspray mit Lavendel auf meinem Nachtschrank.

- Bereite dich gedanklich auf deinen nächsten Tag vor und leg schon mal bereit, was du morgens brauchst.

- Benutze digitale Geräte besser nicht direkt vor dem Schlafengehen, denn das blaue Licht behindert die natürliche Ausschüttung des Schlafhormons Melatonin. Idealerweise meidest du Bildschirme schon zwei Stunden vor dem Zubettgehen oder setzt eine spezielle Brille mit Blue Light Filter auf.

- Nach einem Glas Wein fühlst du dich vielleicht müde und kannst schnell einschlafen, aber der Alkohol verhindert, dass dein Körper in die wichtige Tiefschlafphase kommt und lässt dich zu früh wieder aufwachen. Als Dauerlösung ist ein Gläschen am Abend nicht geeignet.

- Iss keine großen Mahlzeiten kurz vor dem Schlafen, dein Körper kann sich nachts besser regenerieren, wenn er nicht auch noch verdauen muss.

- Gehe jeden Tag nach draußen um Tageslicht zu tanken, auch in der diesigen und grauen Jahreszeit. Morgenlicht ist dabei besonders wichtig. Es regelt den natürlichen Schlaf-Wach-Rhythmus deines Körpers und hilft dir so auch abends besser einzuschlafen.

- Wenn dein Baby momentan deinen Schlafrhythmus bestimmt, versuche zu denselben Zeiten zu schlafen oder wenigstens zu ruhen. Statt während des Mittagsschlafs deines Babys den Haushalt zu erledigen, leg dich lieber auch mal hin und gönn dir ein bisschen Ruhe.

- Geh nicht mit Streit ins Bett, sondern schaffe vorher aus der Welt, was sich klären lässt. Auch wenn das heißt, dass du über deinen Schatten springen und dich entschuldigen oder mit dem Schmollen aufhören musst.

- Nikotin wirkt stimulierend und mindert deine Schlafqualität, auch wenn du es nur passiv eingeatmet hast. Zudem kann der Nikotinentzug über Nacht Raucher früher aus dem Schlaf reißen.

- Wenn du nicht schlafen kannst, weil deine Gedanken kreisen, steh wieder auf und schreib sie dir in deinem Journal von der Seele. Oder mach dir ein Hörbuch mit einer ruhigen Sprecherstimme an und lass dich von der Geschichte ablenken und hoffentlich in den Schlaf leiten. Nutze dafür die Sleep-Timer-Einstellung, falls vorhanden, damit das Hörbuch nach 30 Minuten von alleine aufhört.

DEIN ZUHAUSE ALS SELF-CARE-OASE

Deine Umgebung beeinflusst deine Stimmung und deinen Energiefluss ganz entscheidend. Wie fühlt sich dein Zuhause momentan für dich an? Ist es ein Ort, an dem du Kraft schöpfen und entspannen kannst? Oder fällt dein Blick beim Nachhausekommen direkt auf Ecken, die du dringend entrümpeln müsstest oder eine Einrichtung, die dir so gar nicht gefällt? Schenke dir selbst mehr Wohlbefinden, indem du dein Zuhause zu einer Self-Care-Oase machst.

Du musst nicht gleich dein ganzes Zuhause auf den Kopf stellen. Fange mit einer Ecke an und arbeite dich von dort Stück für Stück vor – in Absprache mit deinem Partner oder deinen Kindern, falls du nicht allein wohnst. Oft hilft es schon sehr, einige Dinge auszusortieren, die dir nicht mehr gefallen, keinen Nutzen haben oder im Weg sind.

Gestalte deinen persönlichen Rückzugsort

Gibt es einen Ort in deinem Zuhause, der nur für dich ist? Falls nicht, suche dir jetzt deine persönliche Self-Care-Ecke. Hier sind ein paar Tipps dafür:

1. Platz

Finde eine Ecke, die du ganz für dich in Beschlag nehmen oder wenigstens nach deinen Wünschen gestalten und jederzeit einfordern kannst. Anstatt der Familien-Couch eignen sich vielleicht eher eine Meditationsecke in deinem Schlafzimmer, dein Bett oder ein Sessel, der sonst kaum genutzt wird.

2. Ordnung
Befreie deinen Rückzugsort von Gerümpel und allem, was nicht zu deiner Entspannung und deinem Wohlbefinden an diesem Ort beiträgt. Was du nicht aussortieren willst, kannst du vielleicht in dekorativen Boxen verstauen. Das schafft ein ruhigere Atmosphäre.

3. Gemütlichkeit
Mit Kissen, Decken, warmen Lichtquellen wie Kerzen oder Lichterketten schaffst du eine wohlige Stimmung, die zum Durchatmen und Runterkommen einlädt.

4. Naturmaterialien
Kannst du die Elemente Holz, Stein oder andere Naturstoffe einbinden? Sie haben eine erdende Wirkung. Pflanzen reinigen die Luft und verströmen Lebensenergie.

5. Kraftspender
Besitzt du einen Gegenstand, bei dessen Betrachtung sich deine Laune immer bessert? Ein schönes Erinnerungsstück oder ein ganz besonderes Deko-Element? Platziere es an deinem Rückzugsort oder in Sichtweite.

6. Ritual
Verbinde deinen Rückzugsort mit einem schönen Ritual, mit dem du Entspannung und Zeit für dich einläutest. Wenn ich mich in meine Ruhe-Ecke zurückziehe, zünde ich immer eine Kerze und ein Stück Palo Santo Holz an, welches einen herrlichen Duft verströmt.

SCHLECHTER STRESS – GUTER STRESS

Stress hat im gemeinen Verständnis eine sehr negative Konnotation. Meist bekommen wir gesagt, dass wir jeglichen Stress am besten ganz vermeiden sollten. Diese Angst vor dem Stress kann sogar zu neuem Stress werden. Hilfreicher ist es, unseren Umgang mit Stress zu verbessern und – wann immer möglich – den „richtigen“ Stress für unser Leben zu wählen. Du wirst nie ein völlig stressfreies Leben führen können, aber das musst du auch gar nicht. Es gibt nämlich auch guten Stress, der dich motiviert, antreibt und dir sogar Energie spendet statt klaut. Den Unterschied macht, was für eine psychologische Qualität dein Stress hat, wie du ihn bewertest und ob du dich ihm grundsätzlich gewachsen fühlst. Suche auch nach Möglichkeiten, stressige Tätigkeiten angenehmer zu gestalten und mit den Tipps auf den folgenden Seiten besser zu organisieren.

Gesunder Stress

- motiviert dich
- ist kurzfristig und nicht chronisch
- bringt dich zu Höchstleistungen
- treibt dich an und gibt dir ein Hochgefühl
- hilft dir, deine Energie zu fokussieren

Ungesunder Stress

- wird immer mehr und nicht weniger
- erschwert dir die Konzentration
- macht dich reizbar, depressiv und löst Angst aus
- verursacht Kopfschmerzen, Muskelverspannungen, Müdigkeit
- lässt sich durch Entspannungsübungen, positive Selbstgespräche, gesunde Grenzen und einen gesunden Lebensstil lindern

Unvermeidbaren Stress besser managen

Organisiere dich gut. Verschaffe dir nach Möglichkeit sonntags einen Überblick über die kommende Woche und plane deine Zeit realistisch ein. Notiere nicht nur Termine in deinem Kalender, an denen Projekte fertig oder Dinge erledigt sein müssen, sondern blocke auch die Zeit, in der du an ihnen arbeiten wirst. Das gilt für berufliche Projekte wie auch das Wäschewaschen, Einkaufen oder Kuchenbacken fürs Schulfest. Schätze deine Zeit realistisch ein und gib dir lieber etwas Puffer, als am Ende Nachtschichten zu schieben. Pausen und Self-Care solltest du übrigens auch in deinen Kalender eintragen.

Nimm Überforderung rechtzeitig wahr und halse dir nicht zu viel auf. Du kennst dich und deinen Körper am besten und kannst abschätzen, was dir zu viel werden wird. Sei ehrlich mit dir selbst. Es ist okay, wenn du nicht die produktivste Mitarbeiterin oder engagierteste Mutter bist. Jeder hat sein eigenes Tempo und Dinge, die hinter den Kulissen an den Kräften zehren.

Sprich mit anderen Menschen über deine Situation und tausche dich mit ihnen aus. Bestimmt geht es ihnen ähnlich und du wirst merken, dass du nicht allein mit deinem Problem bist. Gefühle wie Überforderung offen anzusprechen, ist oft schon der erste Schritt um uns besser zu fühlen.

Iss möglichst gesund. Dein Körper kann eine Extra-Ladung an gesunden Nährstoffen gebrauchen, um mit dem Stress fertig zu werden. Den bekommen nämlich auch deine Zellen mit. Achte auf gesunde Fette aus Nüssen, Avocado und Olivenöl für dein Gehirn. Und vermeide Zuckerbomben, auch wenn du jetzt besonders nach ihnen verlangst. Einfachzucker schicken dich in die Heißhungerspirale und lösen das Energietief am Nachmittag aus.

Übertreibe es nicht mit dem Kaffee. Der macht zusätzlich nervös, dehydriert und stört deinen so wichtigen Schlaf in der Nacht.

Bewerte den Stress neu. Akzeptiere zuerst ganz wertfrei, dass du gestresst bist. Das ist menschlich und völlig okay. Vielleicht hast du dich auch in etwas reingesteigert und musst dir eigentlich gar nicht so viel Druck machen? Schau hinter den Stress.

Was ist der Gedanke, der den Stress und Druck auslöst? Vielleicht denkst du: „Ich schaffe das alles nicht." Stimmt das denn? Wem bist du Rechenschaft schuldig? Wie könnten Zwischenziele lauten, die dich weniger stressen?

Atme bewusst. Bei Stress verkrampfen wir und neigen dazu, flach zu atmen. Mit tiefen Atemzügen in unseren Bauch signalisieren wir unserem Körper, dass wir uns entspannen. Nimm dir über den Tag verteilt immer wieder eine Minute Zeit, um bewusst in den Bauch zu atmen. Leg deine Hand auf den Bauch, schließe die Augen und atme jeweils mindestens fünf Sekunden ein und aus.

Führe positive Selbstgespräche. Die Angst, nicht gut genug zu sein stresst uns oft am allermeisten. Erinnere dich daran, was du in der Vergangenheit schon alles geschafft hast und dass andere auch nur mit Wasser kochen. Gönne dir selbst zwischendurch einen kleinen Power-Talk, so wie du auch mit deiner besten Freundin sprechen würdest.

Kenne deine Stress-Trigger. Lerne die Muster zu erkennen, die deine Stressspirale auslösen. Zweimal hintereinander Sport ausfallen lassen? Krankes Kind zu Hause? Nicht enden wollender Haushalt? Arbeiten am Wochenende? Zu viele Pläne an den Abenden und dadurch Schlafmangel? Steuere frühzeitig gegen und passe deine Pläne an oder sei extra fürsorglich mit dir selbst.

Schlafen. Schlafen. Schlafen. Mindestens sieben Stunden pro Nacht. Dein Kopf und Körper brauchen die Pause dringend.

Überprüfe Erwartungshaltungen von dir selbst und anderen, etwa deinem Partner, deinen Kindern oder Freunden. Sind sie gerechtfertigt und realistisch? Falls dich dein eigener Perfektionismus stresst, gib dich doch auch mal mit guten oder ausreichenden Ergebnissen zufrieden. Oder bringen alle um dich herum jedes Mal Höchstleistungen? Kommt der Stress von deinen Vorgesetzten oder Kollegen, suche das Gespräch und passe unrealistische Erwartungshaltungen an deine tatsächlichen Kapazitäten an.

Meditiere. Schon jeweils fünf Minuten bewusstes Stillsitzen und tief atmen am Morgen und Abend können dein Stresslevel signifikant senken und Ruhe in deine Gedanken bringen.

Sei liebevoll mit dir selbst. Umgib dich mit deinen Liebsten, lass dir helfen und setze dich nicht selbst noch mehr unter Druck. Du bist genauso wertvoll, wenn du weniger produktiv bist. Du bist keine Maschine und darfst erschöpft sein und dir Pausen gönnen.

Bewege dich sanft. Wenn du gestresst bist, brauchst du dich nicht auch noch körperlich völlig zu verausgaben, denn das zehrt auch an deinem Nervenkostüm. Leichtes Joggen, Spazierengehen, Yoga oder Tanzen machen wunderbar den Kopf frei, schütteln Stress ab und lösen Verspannungen ohne zu überfordern. Versuche auch an stressigen Tagen wenigstens 15 Minuten Yoga am Morgen, fünf Minuten Tanzen oder einen Spaziergang in deinen Tag einzubauen.

ENERGIESPENDER NATUR

Zeit in der Natur zu verbringen hat schon so manchen Stress vergessen gemacht. Und ein Spaziergang kann nach einem Streit so emotional heilsam sein, wie eine Nacht über etwas zu schlafen. Parks und Wälder erden uns und beruhigen unser gestresstes Nervensystem. Ein achtsamer Spaziergang bringt dich wieder in deine Mitte und gönnt dir eine Grübel-Pause. Nimm deine Umgebung ganz bewusst wahr, indem du dir die fünf Sinnesfragen beantwortest: Was sehe ich? Was höre ich? Was rieche ich? Was schmecke ich? (Vielleicht die frische Luft.) Was fühle ich? (Vielleicht ertastest du Blätter.) Nimm alles wahr, ohne es zu bewerten. Kannst du deinen Weg zur Arbeit oder zum Einkaufen um eine Runde durch den Park ergänzen oder ein Spazierritual in deine Woche einbauen?

Heilender Wald

Schon nach wenigen Minuten im Wald oder einem großen ruhigen Park entspannen wir uns. Blutdruck und Puls sinken, Laune und Selbstbewusstsein steigen. Die Natur bildet einen Kontrast zu unserem reizüberfluteten Alltag. Je ursprünglicher die Landschaft, desto magischer kommt sie uns vor. Die natürliche Geräuschkulisse entspannt uns, die Bäume reinigen die Luft, reichern sie mit Sauerstoff an und verströmen den wohligen Duft ätherischer Öle. Probiere am Wochenende mal heilsames Waldbaden aus. Es ist in den Ritualkarten beschrieben.

Mach's dir grün!

Du hast keinen Wald vor der Tür? Dann hol dir den Wald ins Haus. Oder wenigstens ganz viele Pflanzen. Wenn du keinen Garten oder Balkon hast, kannst du auch in der Wohnung kleine grüne Oasen schaffen. Sie verbessern die Luft in deinem Zuhause und wirken entspannend. Gärtnern macht nachweislich glücklich und hilft sogar gegen Depressionen.

TIPP:
VIELLEICHT GIBT ES IN DEINER UMGEBUNG PFLANZPROJEKTE ODER GEMEINSCHAFTSGÄRTEN, IN DENEN DU AKTIV WERDEN KANNST?

Kapitel 3

ICH MAG MICH

Falls du es nicht bereits glaubst, lass es mich dir hier direkt sagen: Du bist in Ordnung so wie du bist. Du bist sogar mehr als in Ordnung. Du bist absolut wundervoll, liebenswert und einzigartig. Die Welt ist ein schönerer Ort, weil es dich gibt.

Wie fühlt sich das für dich an? Glaubst du mir? Oder suchst du im Kopf schon nach Gegenargumenten? In diesem Kapitel möchte ich dich dazu ermutigen, dich aus vollem Herzen und ganz ohne Scham selbst zu lieben und toll zu finden. Denn warum eigentlich nicht? Je mehr du dein Licht in die Welt scheinen kannst, desto heller erstrahlt auch alles und jeder um dich herum.

SELBSTLIEBE IST EINE ENTSCHEIDUNG

Selbstliebe ist das Fundament für ein erfülltes Leben. Selbstliebe ist deine Einstellung zu dir selbst. Es ist die tiefe Überzeugung, dass du gut genug bist und bedingungslose Liebe verdienst. Self-Care ist das Instrument, mit dem du gleichzeitig mehr Selbstliebe entwickelst und sie zum Ausdruck bringst. Diejenigen von uns, die Selbstliebe nicht in jungen Jahren gelernt haben, müssen das jetzt nachholen. Das kostet ein wenig Arbeit und braucht ständiges Üben. Gerade wenn wir eher Selbstabwertung gewohnt sind, lässt sich nicht einfach ein Schalter umlegen und wir tanzen selbstverliebt durchs Leben. Aber mit einigen Wochen täglicher Self-Care kannst du deine Gedanken langfristig auf Selbstliebe programmieren. Und das kann dir dann niemand mehr wegnehmen. Wenn du mehr Liebe zu dir selbst zulässt wirst du merken, dass Liebe eine endlose Ressource ist, die du jederzeit in dir aktivieren kannst.

✎ Erstelle eine Liste mit allem, was du an dir selbst liebst – sowohl an deinem Körper als auch an deinem Charakter. Wenn dir nicht direkt etwas einfällt überlege, was du an deinen Freunden schätzt und finde Ähnliches in dir selbst wieder. Bitte unbedingt auch mal deine Freunde oder Familie, dir zu sagen, was sie an dir lieben. Erkläre ihnen, warum du das fragst und lass ihnen ein wenig Zeit, dir mündlich oder schriftlich zu antworten.

SELBSTBEWUSSTSEIN

Selbstbewusstsein ist ein Begriff, den wir oft benutzen, aber über dessen Bedeutung wir selten nachdenken. Viele von uns wünschen sich ein größeres Selbstbewusstsein. Wir sagen, dass jemand ein „gesundes Selbstbewusstsein" hat – und meinen das manchmal anerkennend, manchmal aber auch kritisch. „Woher nimmt der oder die eigentlich ihr Selbstbewusstsein?“, fragen wir fast schon empört, wenn jemand besonders selbstsicher auftritt, ohne – aus unserer Sicht – einen besonderen Grund dafür zu haben. Warum stört uns das Selbstbewusstsein anderer? In der Regel passiert das nur, wenn wir selbst unsicher sind und in einer Negativspirale aus Vergleichen und Mangeldenken feststecken. Wir denken, das Selbstbewusstsein einer anderen Person würde unser eigenes schmälern. Das ist natürlich Quatsch. Freu dich lieber, wenn du einer selbstsicheren Person begegnest und lass dich von ihr anstecken.

Wie wird man selbstbewusst?

Manche haben ein großes Selbstbewusstsein, manche ein kleines. Das hat nichts damit zu tun, dass eine Person toller ist als eine andere. Es liegt allein daran, wie die Personen über sich selbst denken. Und da wir unsere Gedanken lenken und ändern können, kann jeder ein großes Selbstbewusstsein aufbauen – auch du.

Schauen wir uns das Wort mal genauer an. Wenn jemand selbstbewusst ist, ist er sich seiner selbst bewusst. Das ist erstmal völlig wertfrei. Man könnte auch sagen, da kennt sich jemand richtig gut. Alles was du tun musst, um selbstbewusst zu werden, ist dich selbst kennenzulernen. Und zwar so, wie du deine besten Freunde kennenlernst. Samt aller Facetten und Macken. Das ist der Schlüssel für ein unerschütterliches Selbstbewusstsein: Selbstakzeptanz. Du fragst dich vielleicht, warum es dich selbstbewusster machen soll, deine Macken anzuerkennen. Nun, wenn du dich gut findest so wie du bist, dann kann dir doch keiner mehr was. Dann musst du dich nicht schämen, nicht verstellen, nicht mehr ständig versuchen zu kontrollieren, wie du auf andere wirkst. Ob du in ihren Augen dünn, schön, fleißig oder schlau genug bist. Du musst nicht mehr gegen deine eigenen vermeintlichen Unzulänglichkeiten ankämpfen. Es ist unmöglich, allen Menschen zu gefallen. Du magst schließlich auch nicht alle Menschen. Und oft hat das gar nichts mit den Menschen zu tun, sondern mit deiner Wahrnehmung von ihnen. Vielleicht erinnern sie dich an deine schreckliche Grundschullehrerin. Erinnere dich immer wieder daran: Wie jemand anderes über dich denkt, sagt nichts über dich aus, sondern über die andere Person. Wenn du niemanden mehr beeindrucken musst, um dein Selbstbewusstsein aufzubessern, bist du frei, so zu sein wie du willst, frei, entspannt dein Leben zu leben.

Was würdest du tun oder lassen, wenn dir egal wäre, was andere über dich denken? Schreib es in dein Journal.

SELBSTAKZEPTANZ

Stell dir mal vor wie gelassen du sein könntest, wenn du alles an dir okay fändest. Wenn du nicht mehr das Bedürfnis hättest, irgendetwas zu verstecken oder dich nicht immer von deiner besten Seite zeigen müsstest, um zu genügen. Wenn du einfach nur authentisch du sein könntest. Mit Röllchen am Bauch, Pickeln und Fältchen im Gesicht, einer Links-Rechts-Schwäche oder mangelndem Rhythmusgefühl. Eigenschaften und Merkmale an dir, die du nicht magst und für die du dich vielleicht sogar schämst, nenne ich in meinem Coaching „Schatten". Deine Schatten können auch Erlebnisse aus deiner Vergangenheit sein, verpasste Chancen oder Schuldgefühle. Sie können alles sein, was du an dir als falsch empfindest und lieber verstecken würdest. Um mit ihnen Frieden zu schließen, musst du dir zunächst eingestehen, dass es sie gibt. Das ist nicht unbedingt angenehm. Die meisten von uns haben gelernt, vermeintliche Schwächen und Unzulänglichkeiten zu verbergen und sich von ihrer besten Seite zu zeigen. Dabei sind es gerade die Ecken und Kanten, die einen Menschen interessant machen. Wie oft hast du dich plötzlich mit einer Person verbunden gefühlt, weil er oder sie dir ein Problem oder die eigene Unsicherheit eingestanden hat?

Wenn du aufhörst, alles kontrollieren zu wollen, erlaubst du anderen Menschen Risse in deiner Fassade wahrzunehmen und dahinter zu blicken. Auf das was sich dort verbirgt bist du vielleicht nicht immer stolz. Trotzdem gehört es zu dir und darf da sein. Es macht dich zu dem besonderen, vielschichtigen und einfühlsamen Menschen, der du heute bist.

Risse sind die Stellen, an denen das Licht hereinkommt ...

In Japan gibt es die wunderschöne, jahrhundertealte Tradition des Kintsugi.

Schüsseln, Vasen oder Becher die kaputtgehen, werden nicht etwa weggeschmissen, sondern zur Goldreparatur gegeben. Die Risse werden mühsam mit flüssigem Gold oder einem Lack-Goldpuder-Gemisch gekittet und das Geschirrstück so wieder zusammengesetzt. Dank der vergoldeten Bruchstellen ist es wertvoller und schöner als vorher und wird mit Stolz gezeigt und weiterverwendet.

Fange heute damit an, auch deine „Risse“ als Stärken zu betrachten anstatt als Schwachpunkte. Self-Care dient dir als das symbolische Gold, mit dem du deine Risse heilen und zum Strahlen bringen kannst.

Schreib in dein Journal: Was sind deine „Risse“? Was konntest du von ihnen lernen oder im Nachhinein mehr wertschätzen? Wie kannst du sie positiv für dein Leben nutzen oder liebevoll mit ihnen umgehen?

SELBSTWERT

Wenn ich mit meinen Klienten nur noch an einem Thema arbeiten könnte, würde ich mich für den Selbstwert entscheiden. Unser Selbstwert bestimmt über alle unsere Entscheidungen, Beziehungen und unsere Einstellung zu Self-Care. Nur wenn du dir selbst einen hohen Wert beimisst, wirst du es auch für nötig halten, dich gut um dich selbst zu kümmern. Du wirst entweder denken, dass du Selbstfürsorge verdient hast oder nicht. Du wirst dir etwas Gutes tun oder im Selbstgespräch sagen: „Stell dich nicht so an." Du wirst die Bedürfnisse anderer als wichtiger einstufen als deine eigenen oder dich selbst priorisieren.

Wenn du deinen Selbstwert steigern möchtest, musst du nicht irgendwelche Äußerlichkeiten oder dich als Person ändern, sondern wie du dich selbst bewertest. Der Selbstwert steigt nicht mit Einkommen, Status, Einfluss oder Beziehungen. Solche Umstände können dir zwar Aufwind geben, aber am Ende zählt, wie es in dir drin aussieht. Es geht darum, dich selbst zu erkennen, anstatt dich zu optimieren. Streiche gedanklich alle „Wenn-dann-Sätze" in deinem Kopf. „Wenn ich einen selbstgebackenen Kuchen zum Schulfest bringe, bin ich eine gute Mutter." Oder: „Wenn ich fünf Kilo abnehme, bin ich hübsch." Du bist jetzt schon gut genug. Jeder Mensch ist wertvoll, einfach nur weil er Mensch ist. Als Kleinkind fragen wir uns auch nicht, ob wir gut genug sind, um die Liebe unserer Eltern zu verdienen. Wir gehen einfach davon aus, dass das so ist. Versuch das doch ab heute auch wieder. Um dir dabei zu helfen kümmere dich besonders gut um dich. Das signalisiert deinem Unterbewusstsein, dass du wohl doch ziemlich wichtig sein musst. Auf der nächsten Seite findest du ein paar Ideen, wie du deine Selbstliebe und dein Selbstbewusstsein stärken kannst.

TIPP:

STARTE EIN „SELBSTWERT-MANIFEST" UND VERVOLLSTÄNDIGE DEN SATZ „ICH BIN WERTVOLL, WEIL ..." MIT SO VIELEN BEISPIELEN WIE MÖGLICH.

9x ICH-MAG-MICH-SELF-CARE

Fünf Minuten Wellness

Wenn dein Alltag kaum Zeit für dich zulässt, brauchst du Wege, um auch in fünf Minuten eine kleine Self-Care-Einheit einzubauen. Kannst du dir ein paar Extra-Minuten im Badezimmer freischaufeln? Ein Mini-Wellness-Ritual kann schon reichen, um dir das Gefühl zu geben, nicht völlig zu kurz zu kommen. Mach eine Gesichtsmaske, lackiere dir die Nägel oder gib dir selbst eine Fußmassage. Ich creme mich gerne achtsam ein und formuliere dabei innerlich eine Intention wie Dankbarkeit. Dann danke ich meinen Beinen dafür, dass sie mich durchs Leben tragen, meinen Armen dafür, dass ich dank ihnen meine Liebsten umarmen kann, und so weiter für meinen gesamten Körper. Danach fühle ich mich viel mehr bei mir als vorher.

Love Notes

Lass negativem Self-Talk keine Chance, indem du ihm mit liebevollen Nachrichten zuvorkommst. Schreibe dir aufmunternde Botschaften und Komplimente auf kleine Zettel und verteile sie in deiner Wohnung. Ich habe immer Selbstliebe-Botschaften an meinem Badezimmerspiegel.

Sei deine eigene beste Freundin

Wenn du gedanklich wieder hart mit dir ins Gericht gehst, schreibe deine Selbstzweifel und Selbstkritik einfach mal ganz frei runter auf ein Blatt Papier. Lies dir deine Notizen danach durch und stell dir dabei vor, deine beste Freundin hätte sie geschrieben. Antworte dir selbst dann so, wie du es für deine Freundin tun würdest und gib ihr einen liebevollen Rat oder entkräfte die Kritik und überlege, was du stattdessen Nettes sagen könntest.

Fokussiere dich auf dich

Ob auf Social Media oder in deinem direkten Umfeld: Hör auf, dich mit anderen zu vergleichen und finde stattdessen Dinge, die du an dir magst. Erinnere dich täglich an deine eigenen, einzigartigen Vorzüge.

Verbringe Zeit mit dir selbst

Wer sagt eigentlich, dass wir nicht auch allein einen traumhaften Tag haben können? Theaterbesuch, Lieblingsrestaurant, Wochenend-Trip – das kannst du alles auch alleine genießen. Und zwar völlig kompromisslos bis ins kleinste Detail, genauso wie du willst. Wenn du Kinder hast, organisiere dir einmal pro Monat einen Babysitter. Ein paar Stunden ganz für dich sind trotz Kinder oder Partner wichtig, um dich selbst nicht zu verlieren. Dadurch, dass du dir in der freien Zeit bewusst etwas vornimmst, zeigst du dir: Ich bin wichtig genug, um auch nur für mich allein einen besonderen Tag zu planen.

Trage Kleidung, die dir ein gutes Gefühl gibt

Dass du auch in einem Kartoffelsack wunderschön bist, versteht sich von selbst. Aber das heißt nicht, dass du nicht den positiven Effekt nutzen solltest, den ein schönes Outfit auf dein Selbstbewusstsein und deine Stimmung hat. Im Sinne von Self-Care bist du die beste Version von dir selbst, wenn du dich supergut fühlst. Und wir alle fühlen uns besser, wenn unsere Kleidung uns gefällt, gut sitzt und unseren Charakter unterstreicht. Nimm dir wieder ein bisschen mehr Zeit für dich und deine Kleiderwahl, wenn du es in letzter Zeit wegen Zeitdruck oder Familienchaos vernachlässigt hast.

Eine wichtige Erkenntnis meines letzten Jahres: Komfort kann auch schön sein und hat für mich im Alltag Vorrang vor dem Trend-Faktor eines Outfits. Das sind Veränderungen, die ich dir sehr ans Herz legen kann:

- Achte beim Kauf darauf, wie sich die Materialien auf deiner Haut anfühlen und kaufe nur angenehme Teile. Lieber weniger hochwertige, als viele kratzige.

- Lass dich nicht von schlecht sitzenden BHs oder deren Metallbügeln einengen.

- Nahtlose Unterwäsche schnürt nicht ein, lässt keine Röllchen entstehen und zwickt nicht mal in den verrücktesten Yoga-Posen.

- Mach Sportschuhe und bequeme Sneakers zu deinem Lieblingsschuh zu jedem Outfit. Wenn du einen Bürojob hast, in dem Sportschuhe nicht gern gesehen sind, stelle dir ein Paar unter deinen Schreibtisch und zieh sie wenigstens in der Mittagspause für einen Spaziergang an. Oder lass gleich deine unbequemen Schuhe im Büro und trage sie ausschließlich dort. Wenn deine Füße auf dem Arbeitsweg in Sportschuhen stecken, ist es plötzlich richtig angenehm, einen Teil der Strecke zu Fuß zu gehen.

- Sortiere deine „Steh-Hosen“ und „Steh-Röcke“ aus und lass dich nie wieder zum Kauf der unbequemen Teile verführen. Kleidung, die dir die Luft abschnürt, sobald du dich hinsetzt, solltest du aus deiner Garderobe verbannen. Sie kann deine Durchblutung und Atmung ernsthaft beeinträchtigen und Organe auf Dauer in Mitleidenschaft ziehen.

- Details für eine gute Stimmung: Auch wenn du den ganzen Tag in Active Wear Erledigungen machst, zieh morgens bewusst ein Teil an, was dich glücklich macht und deinen Charakter widerspiegelt. Das kann ein Armband, eine besondere Mütze, bunte Socken oder besonders schöne Unterwäsche sein. Hauptsache, du wählst ein Teil pro Tag bewusst aus, weil du es liebst. Damit signalisierst du dir selbst: „Ich nehme mich wahr und bin es mir wert bist, nicht nur willkürlich irgendwas anzuziehen."

Power Posing

Unsere Körperhaltung reflektiert, wie wir uns fühlen. Wenn wir unsicher, schlapp oder traurig sind, haben wir oft unweigerlich hängende Schultern, einen gesenkten Blick und wenig Spannung in unserem Körper. Du kannst den Zusammenhang zwischen deiner Haltung und deiner Stimmung aber auch umgekehrt für dich nutzen.

Selbstbewusste, ausladende Posen einzunehmen lässt dich auch innerlich wieder kraftvoller fühlen. Probier's aus: Stelle dich mit beiden Füßen etwas weiter als hüftbreit fest auf den Boden. Strecke beide Arme in die Luft oder stemme die Fäuste in die Hüfte und hebe deinen Kopf in eine „hochnäsige" Position. Wie fühlt sich das an? Du kannst dazu ein Kraft-Mantra wie „Ich bin stark" oder „Ich kann das" sagen. Wiederhole das mehrmals am Tag, zum Beispiel morgens vor dem Spiegel und auf der Toilette im Büro. Wenn ich allein im Fitnessstudio oder auf ungestörten Spazierwegen bin, strecke ich auch gerne meine Arme beim Gehen in die Luft und trete extra dynamisch auf. Ein bisschen, als hätte ich gerade einen Wettkampf gewonnen und würde noch einmal triumphierend über den Platz gehen. Dazu höre ich meine liebste Motivations-Playlist. Sieht das von außen betrachtet total komisch aus? Auf jeden Fall. Aber es wirkt Wunder für mein Selbstbewusstsein. Und darauf kommt es doch an: Mach das, was dir guttut. Dabei sind fast alle Tricks erlaubt.

Komplimente annehmen

Wenn du davon überzeugt bist, dass du toll und liebenswert bist – und das solltest du sein – dann gibt es keinen Grund, Komplimente abzuwehren wie einen Schwarm Fliegen. Wie oft bist du schon in einen Monolog aus Selbstvernichtung verfallen, als dir jemand ein Kompliment gemacht hat? Folgende Szenarien kennen wir doch alle: Eine Freundin oder Kollegin sagt: „Tolles Kleid, steht dir super!" oder „Deine Frisur heute sitzt ja total gut!" Und du antwortest: „Ach, das alte Ding. Das hab ich letztes Jahr im Sale gekauft“ oder „Nee, meine Haare liegen gar nicht. Ich hab nur schnell Trockenshampoo benutzt.“

Warum freuen wir uns nicht einfach und sagen Danke? Da hat sich schon jemand Zeit genommen, um uns nicht nur aufmerksam wahrzunehmen, sondern uns auch mitzuteilen, was ihr oder ihm an uns gefällt. Wenn wir das sofort zunichtemachen, wird sich die Person ihr nächstes Kompliment zweimal überlegen. Vertraue in Zukunft darauf, dass die Komplimente ernst gemeint sind – und freu dich.

Der liebevolle Blick

Stell dich vor den Spiegel, schau dir mal selbst für ein paar Minuten in die Augen und stelle eine liebevolle Verbindung mit dir selbst her. Das ist beim ersten Mal ziemlich ungewohnt und vielleicht wirst du sogar emotional. Das ist völlig normal. Wir sind es oft nicht gewohnt, uns selbst so nah zu sein. Und dann betrachte deinen ganzen Körper und schicke ihm Liebe. Besonders den Stellen, die sonst immer nur Kritik abbekommen. Übe das so oft, bis es ganz normal für dich ist, dir selbst Komplimente zu machen.

WIE SPRICHST DU MIT DIR SELBST?

Wie sprichst du mit dir selbst? Schlägst du im Selbstgespräch einen respektvollen Ton an? Bist du mit dir selbst auf Augenhöhe? Oder bist du ständig dabei, dich selbst runterzumachen und dir zu sagen: „Du kannst nichts, du bist nichts, keiner mag dich“? Hör mal bewusst hin. Du wirst schockiert sein, wie gemein und kritisch wir oft uns selbst gegenüber sind. Stell dir mal vor, du würdest so mit deiner besten Freundin reden. Sie würde wahrscheinlich sofort in Tränen ausbrechen und dir bald die Freundschaft kündigen.
Sei ab heute netter zu dir. Mache es dir zur Gewohnheit, zu bestimmten Zeiten etwas Nettes zu dir selbst zu sagen, damit du es im Alltag nicht vergisst. Am besten immer dann, wenn du in den Spiegel guckst, dir einen Kaffee holst oder deine Jacke anziehst.

Nur perfekt ist gut genug?

Wie du mit dir sprichst, hängt auch viel davon ab, wie hoch deine Erwartungen an dich selbst sind. Wir alle kennen den Begriff Perfektionismus und haben uns wahrscheinlich selbst schon als Perfektionisten bezeichnet oder gesagt: „Ach, ich will einfach immer alles perfekt machen." Wir fühlen uns aber eigentlich ziemlich gut wenn wir das sagen. Heißt es nicht, dass wir besonders ehrgeizig und pflichtbewusst sind?

Im Grunde ist Perfektionismus nicht das Streben nach Exzellenz, sondern ein Schutzmechanismus. Wir versuchen bloß keine Angriffsfläche zu bieten oder Schwäche zu zeigen, damit wir von allen geliebt und anerkannt werden. Wir hoffen, dass durch unsere perfekte Fassade niemandem auffällt, dass wir eigentlich unsicher sind oder auch mal Fehler machen. Dahinter steckt fast immer ein Selbstwertproblem. Wir koppeln unseren Wert als Person an unsere Leistungen. Vielleicht richtet sich dein Perfektionismus auch auf dein Aussehen, deine Mutter- oder Vater-Qualitäten oder darauf, ein möglichst aufregend aussehendes Leben zu führen.

Immer perfekt sein zu müssen ist aber ein ziemlich unrealistisches Ziel. Wenn das dein Anspruch ist, kann das nur zu Enttäuschungen führen. Überlege für dich selbst, ob du wirklich perfekt sein musst. Erwartest du von deinem Partner, deinen Freunden, Kindern oder Kollegen Perfektion? Sind dir perfekte Personen überhaupt sympathisch, oder doch die mit Makeln und Schwächen? Probier mal für eine Woche aus, was passiert, wenn du dir erlaubst „unperfekt" zu sein, egal ob im Haushalt, beim Kochen, im Büro oder beim Sport. Wahrscheinlich wird es niemandem auffallen und gar nichts verändern, außer dass du dir weniger Stress machst. Wenn dem so ist, kannst du vielleicht in Zukunft etwas niedrigere Erwartungen an dich selbst stellen.

LIEBE DEINEN KÖRPER

Eigentlich sollte es ganz selbstverständlich sein, dass wir unseren Körper lieben. Schließlich ist er dieses unfassbare Wunderwerk, durch das wir das Leben erleben. Er steuert sämtliche Prozesse, damit es uns gut geht, völlig ohne unser Zutun. Trotzdem haben wir oft nur Kritik für unseren Körper übrig.

In unserer Gesellschaft gelten fast unerreichbare Modelmaße immer noch als Schönheitsideal. Auch ich kann mich dem Körperkult selbst nur schwer entziehen und muss mich immer wieder an meine eigenen Self-Care-Methoden erinnern und liebevolle Selbstgespräche führen. Meine Jugend war geprägt von Germany's Next Topmodel und Victoria's Secret Fashion Shows. Meine Freundinnen und ich waren die ersten am Kiosk, sobald ein neues Fitnessmagazin rauskam. Später, als Redakteurin bei einer großen deutschen Fitnesszeitschrift, habe ich selbst Diät- und Trainingspläne geschrieben und dafür gesorgt, dass der Wunsch nach perfekten Körpern in den Köpfen der Menschen bestehen bleibt. Da ich Gesundheitswissenschaften studiert hatte, konnte ich mir selbst immer lange einreden, dass es mir natürlich nicht um Äußerlichkeiten, sondern um Gesundheit geht. Tatsächlich war ich aber im ständigen Kampf mit meinem eigenen Körper und habe mit allen Mitteln versucht, ihn dem Idealbild in meinem Kopf anzupassen. Ein kleines, aber entscheidendes Erlebnis hat mich zum Glück zum Umdenken gebracht. Vor ein paar Jahren habe ich mir die Kniescheibe beim falschen Auftreten so fies ausgerenkt, dass ich wochenlang an Krücken gehen musste und erst nach monatelanger Reha mein Bein wieder richtig beugen konnte. Kleinigkeiten wie schmerzfreies Spazierengehen haben seitdem einen ganz neuen Wert für mich. Und ich bin jedes Mal stolz auf meinem Körper, wenn ich beim Yoga merke, wie flexibel und biegsam er heute ist. Statt meinen Körper zugunsten einer schlanken Figur zu überlasten, trainiere ich jetzt immer mit dem Fokus auf Funktionalität und Regeneration. Statt mir zu wünschen, einen anderen Körper zu haben, bin ich heute dankbar dafür, dass meiner so gut funktioniert. Dafür musste ich erst selbst erfahren wie furchtbar es sich anfühlt, mich nicht richtig bewegen zu können.

Positive Affirmationen

Auf dem Weg zu mehr Selbstliebe spielen unsere Gedanken die Hauptrolle. Es ist nicht leicht, über Nacht von Selbstkritik auf Selbstliebe umzuschalten. Positive Affirmationen, also stärkende Sätze, sind ein effektives Tool, um deine Energie und Gedanken täglich

positiv aufzuladen. Je öfter du sie wiederholst, desto mehr verinnerlichst du sie.

Du kannst dir deine eigenen Selbstliebe-Affirmationen ausdenken oder mit denen auf den beiliegenden Motivationskarten beginnen. Wiederhole deine Affirmationen immer wenn du daran denkst. Das geht auch unterwegs und beim Einkaufen. Setze dir aber auch feste Zeiten morgens und abends, zu denen du deine Affirmationen aufschreibst und sie dir selbst vorsprichst. Konzentriere dich auf maximal drei gleichzeitig, bist du sie verinnerlicht hast.

Wenn es dir schwerfällt, deinen Körper zu lieben

In den sozialen Medien findet die Body-Positivity-Bewegung, also eine positive Einstellung zu allen Körperformen, gerade sehr viel Anklang. Ich persönlich sehe gerne Menschen, die ihre Körper zelebrieren, obwohl oder gerade weil sie nicht den gängigen Schönheitsidealen entsprechen. Füllige Körper, die selbstbewusst in Bademode stecken, Dehnungsstreifen in Nahaufnahme, kleine Brüste, krumme Zehen, Pigmentstörungen: Heute darf man zum Glück alles offen zeigen und lieben. Menschen sehr selbstbewusst mit vermeintlichen Makeln umgehen zu sehen ist motivierend. Und trotzdem ist für mich der Funke nie in dem Sinne übergesprungen, dass ich tatsächlich selbst am Strand lag und gedacht habe: "Steht mir einfach super, meine Cellulite an den Oberschenkeln. Schau her, Welt. Ich liebe mich so wie ich bin." Innerlich habe ich mich weiter unwohl mit meiner Cellulite gefühlt. Und zusätzlich hatte ich jetzt ein schlechtes Gewissen, weil ich sie einfach nicht lieben konnte. Und wieder war nichts gewonnen.

Was mir mehr geholfen hat, war Body Neutrality, also ein Ansatz, bei dem mein Körper einfach Körper sein darf, ohne dass er geliebt, gehasst oder irgendwie emotional bewertet werden muss. Eine Pause vom Bewerten zu machen kann sehr befreiend sein. Und es fühlt sich für dich vielleicht glaubwürdiger an, als über Nacht von „Ich hasse meinen Hintern" auf „Ich liebe meinen Hintern" umzuschalten. Bau dir deshalb langsam eine Brücke über neutrale Aussagen wie „Das ist mein Hintern." Das ist doch schon mal viel erträglicher als die erste, oder? Du kannst dich wöchentlich steigern. Über sanft wertende Beschreibungen wie normal, ganz okay, gut genug, bis du irgendwann bei voll in Ordnung und sogar richtig schön ankommst. Und da wirst du ankommen, wenn du dich gut um deinen Körper und seine wahren Bedürfnisse kümmerst.

Kapitel 4

ICH BIN GUT VERSORGT

Unser Essverhalten ist eines der zentralsten Elemente von Self-Care und beeinflusst sowohl unsere Gesundheit als auch unsere Emotionen und unser Sozialleben. Wie und was wir essen hängt eng damit zusammen, wie es uns und unserer Self-Care geht und wie gut wir uns organisieren.

ESSEN KANN STRESSEN

Was wir heute zu uns nehmen, ist der Baustoff unserer Zellen von morgen. Verschiedene Lebensmittel wirken in unserem Körper ganz unterschiedlich. Manche helfen, andere hindern wichtige Stoffwechselprozesse wie die Produktion von Hormonen, die Regeneration der Haut oder die Verdauung. Unsere Stimmung und Leistungsfähigkeit sowie unser Aussehen, Gesundheitszustand und Gewicht: Alles können wir über die Ernährung beeinflussen. Wir haben damit einen ganz entscheidenden Self-Care-Faktor direkt in unserer Hand. Für viele ist das kein Grund zum Jubeln, sondern zum Verzweifeln. Denn mit so viel Verantwortung steigt der Druck, die bestmöglichen Entscheidungen zu treffen. Aber wenn man nicht gerade Ernährungswissenschaftler ist, fällt das gar nicht so leicht.

Täglich prasseln neue Informationen und Trends auf uns ein, die sich gegenseitig widersprechen. Frag zehn Experten und du bekommst zehn verschiedene Ratschläge. Diät-Industrie und Medien setzen voll auf unseren Optimierungswahn und präsentieren uns wöchentlich neue Wunderkuren. Und dank Social Media vergleichen wir uns nicht mehr nur mit unserem direkten Umfeld, sondern mit der ganzen Welt. Wer fühlt sich da nicht ab und zu unter Druck, auf den Diät-Zug aufzuspringen? Ich möchte dich gerne zu einem intuitiv gesunden und stressfreien Umgang mit Essen animieren. Deinen Körper mit allem zu versorgen was er braucht, um optimal zu funktionieren, ist ein Self-Care-Grundbedürfnis. Aber dein Essen zu zelebrieren und regelmäßig Lieblingsgerichte zu genießen ist genauso wichtig.

TIPP:
MACH DIÄT-DETOX:
BLENDE EINEN MONAT ALLE „REGELN" AUS UND HÖRE NUR AUF DEINEN KÖRPER.

BYE, BYE DIÄT-MENTALITÄT

Du musst keine bestimmten Lebensmittelgruppen wie Kohlenhydrate verteufeln, Kalorien zählen oder deine Ernährung furchtbar ernst nehmen, um gesund zu sein und dich in deinem Körper wohlzufühlen. Sich über jede einzelne Mahlzeit den Kopf zu zerbrechen kann sogar mehr schaden als nutzen.

Konzentriere dich auf dein Körpergefühl statt Diäten und iss das, womit du dich am besten fühlst. Und zwar langfristig am besten, nicht nur während des Essens. Das kann heißen, dass du zu 80 Prozent super gesund isst und raffinierten Zucker zur Ausnahme machst. Es kann aber genauso heißen, dass du dreimal pro Woche völlig frei von schlechtem Gewissen Torte isst. Beides ist völlig in Ordnung. Der Schlüssel liegt darin, mit Freude zu essen, ohne gedanklich zu planen, wie du es wieder „ausmerzen“ kannst.

Wieso Diäten nicht funktionieren

Alle Diäten, die in Zeitschriften oder im Internet kursieren und nicht für dich persönlich von einem Experten entwickelt wurden, können nur „Massenware“ sein. Du bist aber ein Unikat. Dein Stoffwechsel, deine Körperzusammensetzung, dein Schlafrhythmus, Stresslevel, Hormonhaushalt, dein Geschmack und deine Essgewohnheiten werden gar nicht berücksichtigt, wenn du blind einem Diät-Plan folgst. Dabei sind es diese Faktoren die entscheiden, welche Art des Essens für dich, deine Ziele und Bedürfnisse am besten ist. „Am besten“ bedeutet an dieser Stelle, dass du deine Ernährungsgewohnheiten so gestaltest, dass du zu jeder Tageszeit satt, fit und leistungsfähig bist, dich in deinem Körper wohlfühlst, dir dein Essen richtig gut schmeckt und du flexibel durchs Leben gehen kannst, ohne dein Sozialleben an deine Ernährung anzupassen.

Diäten funktionieren immer über einen dieser Grundsätze: Reduziere deine Kalorienzufuhr auf weniger als du verbrennst. Streiche bestimmte Lebensmittel oder ganze Lebensmittelgruppen aus deinem Speiseplan, halte dich an eine ganz genaue Verteilung von Kohlenhydraten, Fetten und Proteinen oder iss nur zu bestimmten Zeiten oder innerhalb eines Zeitfensters. Alle diese Ansätze sind verallgemeinerte Regeln und Einschränkungen. Und das ist aus mehreren Gründen ein Problem:

1. Dein Körper ist keine Maschine

Du kannst ihn nicht takten und programmieren wie einen Computer. Das wäre auch gar nicht gesund. Unzählige Faktoren beeinflussen täglich deinen Stoffwechsel und Hunger sowie Energielevel und Appetit. Über viele bist du dir vielleicht gar nicht bewusst oder hast keine Kontrolle über sie. Was gestern gut war, ist heute vielleicht nicht das Richtige. Horche in dich hinein: Wenn dein Körper heute mehr Kalorien oder Kohlenhydrate braucht, weil du gestresst bist oder Sport machst, dann verwehre ihm das nicht.

2. Strikte Diäten funktionieren nur, solange du alle Regeln befolgst

Diäten sind meist nicht darauf ausgelegt, langfristig umsetzbar zu sein. Sobald du wieder zu deinen alten Gewohnheiten übergehst, die du ja nicht langfristig verändert hast, pendelst du dich wieder auf deinem Ausgangsgewicht ein. Studien zeigen, dass über 80 Prozent aller Diättreibenden das verlorene Gewicht wieder zunehmen. Meistens suchen die „Gescheiterten“ den Fehler bei sich und denken, dass sie einfach zu wenig Disziplin haben. Sie zweifeln an sich selbst, nicht an der Diät – und so versuchen sie die nächste Diät. Am besten eine noch strengere, damit es diesmal auch wirklich klappt. So gerät man schnell in die gefürchtete Jo-Jo-Falle.

3. Diäten ignorieren deinen Körper und deine Bedürfnisse

Diäten ermutigen dich dazu, deine Hungersignale und Geschmackspräferenzen zu ignorieren. Sie stärken nicht intuitives Essen, sondern strikte Regeln. Sie distanzieren dich vom inneren Feedbacksystem deines Körpers und machen Essen zu einem stressigen, statt genüsslichen Akt.

4. Mentaler Verzicht kann auch Heißhunger auslösen

Maßvoll zu essen ist gesund. Aber sich regelmäßig geliebte Lebensmittel zu versagen oder insgesamt zu wenig Kalorien zu sich zu nehmen, fördert erst recht Gelüste. Du fühlst dich, als müsstest du gegen deinen Körper und deinen Hunger kämpfen. Und du weißt ja sicher, dass „Verbotenes“ meist eine besonders starke Anziehung auf uns hat. Erlaube dir lieber alles in Maßen.

5. Kalorienzählen ist nicht so eindeutig, wie es klingt
Kalorienzählen ist das zentrale Element vieler Diäten. Dabei können wir uns selbst bei größter Sorgfalt richtig verschätzen. Für Kalorienangaben auf Lebensmitteln ist in der Regel eine Abweichungsrate von 20 Prozent mehr oder weniger erlaubt. Auch Fitnesstracker, die verbrannte Kalorien oder Schritte zählen, zeigen nur Näherungswerte an und können mitunter erheblich von der Realität abweichen. Deshalb solltest du nicht nur blind auf Zahlen vertrauen, sondern dein Bauchgefühl schulen.

ZU WENIG SELF-CARE MACHT HUNGRIG

Dich und deine Self-Care zu vernachlässigen kann dazu führen, dass du das Gefühl hast, nie genug zu bekommen und unterversorgt zu sein. Das kann emotionalen Hunger verursachen oder Heißhunger auf Süßes fördern. Du bist niemals richtig satt und isst mehr, als gesund wäre. Self-Care in diesem Fall bedeutet innezuhalten und deine wahren Bedürfnisse zu ergründen. Kannst du alternative Wege finden, etwas „süßer" zu dir selbst zu sein? Wenn du dich leer fühlst überlege, was deine Energie- und Glücksreserven wirklich auffüllen würde. Kannst du dir eine Massage gönnen, Zeit für ein entspannendes Bad oder einen Abend mit deinem Partner nehmen oder ein gutes Buch lesen und es dir heute richtig gemütlich machen?

Bist du ein emotionaler Esser?

Wenn du diese Frage mit ja beantwortest, ist das kein Grund, ein schlechtes Gewissen zu haben, sondern um dir selbst ein inneres Lächeln zu schenken. Denn was ist die Alternative? Emotionsloses Essen? Das klingt ziemlich traurig. Dass Essen in uns Emotionen auslöst, ist kein Problem. Die Frage ist nur, welche Emotionen. Wir können absolut verrückt nach Essen sein und ein völlig gesundes Essverhalten an den Tag legen, solange wir unsere Sättigungsgrenze wahrnehmen. Studien weisen sogar darauf hin, dass wir unser Essen besser verdauen und mehr wichtige Nährstoffe daraus aufnehmen, wenn wir es bewusst und mit Freude genießen. Kurz gesagt: Emotionen, die wir beim Essen haben, sind gut. Problematisch werden höchstens die Emotionen, die wir davor und danach haben. Nämlich wenn wir unsere schlechte Stimmung „wegessen" oder uns nach dem Essen schuldig fühlen. Gerne beim Essen an unserem Tisch sitzen dürfen Freude, Genuss, Wertschätzung, Begeisterung, Neugierde, Verbundenheit und Dankbarkeit. Nicht eingeladen sind dagegen Schuld, Selbsthass, Scham und Hektik.

✎ Wenn du die Vermutung hast, dass du mit Essen unbefriedigte Bedürfnisse kompensierst oder negative Emotionen betäubst, führe für ein paar Wochen ein Food Mood Journal. Halte darin alle Mahlzeiten und Snacks fest. Dabei reichen grobe Beschreibungen wie „Nudeln mit Tomatensoße“ völlig. Es geht hier nicht um Kalorien oder genaue Angaben. Gib dazu die Menge an. Zum Beispiel drei Kekse oder zwei Teller Nudeln. Notiere neben jedem Eintrag deinen aktuellen Gefühlszustand. Bist du müde, sauer, traurig? Vielleicht erkennst du rückblickend in deinen Aufzeichnungen einen Zusammenhang zwischen deiner Stimmung und deinem Essverhalten. Dann kannst du überlegen, wonach du in bestimmten Situationen eigentlich Hunger hattest und wie du dieses Bedürfnis mit etwas anderem als Essen befriedigen kannst.

DER SELF-CARE-TELLER

Die beste Ernährung ist die, mit der du dich den ganzen Tag gesund und energiegeladen fühlst. Sie muss dich aber auch glücklich machen, praktikabel sein und zu deinem Leben passen. Als jemand, die seit ihrem zwölften Lebensjahr mit verschiedenen Ernährungsweisen experimentiert und später als Fitnessredakteurin sämtliche Diäten im Selbstversuch unter die Lupe genommen hat, kann ich dir sagen: Ausgewogenheit und Einfachheit gewinnen langfristig immer gegenüber radikalen und einseitigen Ernährungsweisen. Ich habe die wichtigsten allgemeingültigen Erkenntnisse der Ernährungswissenschaft zu einem Baukasten-Konzept zusammengefasst: den Self-Care-Teller. Er funktioniert für jeden, egal ob du vegetarisch, vegan, zuckerfrei oder „ganz normal“ isst. Wenn du dich am Modell des Self-Care-Tellers auf der nächsten Seite orientierst, wirst du automatisch sättigende, nährstoffreiche und gesunde Mahlzeiten zusammenstellen.

Der Gedanke dahinter ist eine positive Einstellung zum Essen. Anstatt zu fragen, was du alles weglassen musst, regt er dich zu der Frage an, was du zu deiner Mahlzeit hinzufügen kannst, um sie noch leckerer und nährender zu machen. Statt Regeln bietet er ein Gerüst aus Kategorien, das du nach deinen Vorlieben füllen kannst.

DER SELF-CARE-TELLER

Stelle deine Mahlzeiten nach Möglichkeit so zusammen, dass du alle Kategorien des Self-Care-Tellers gleichmäßig abdeckst.

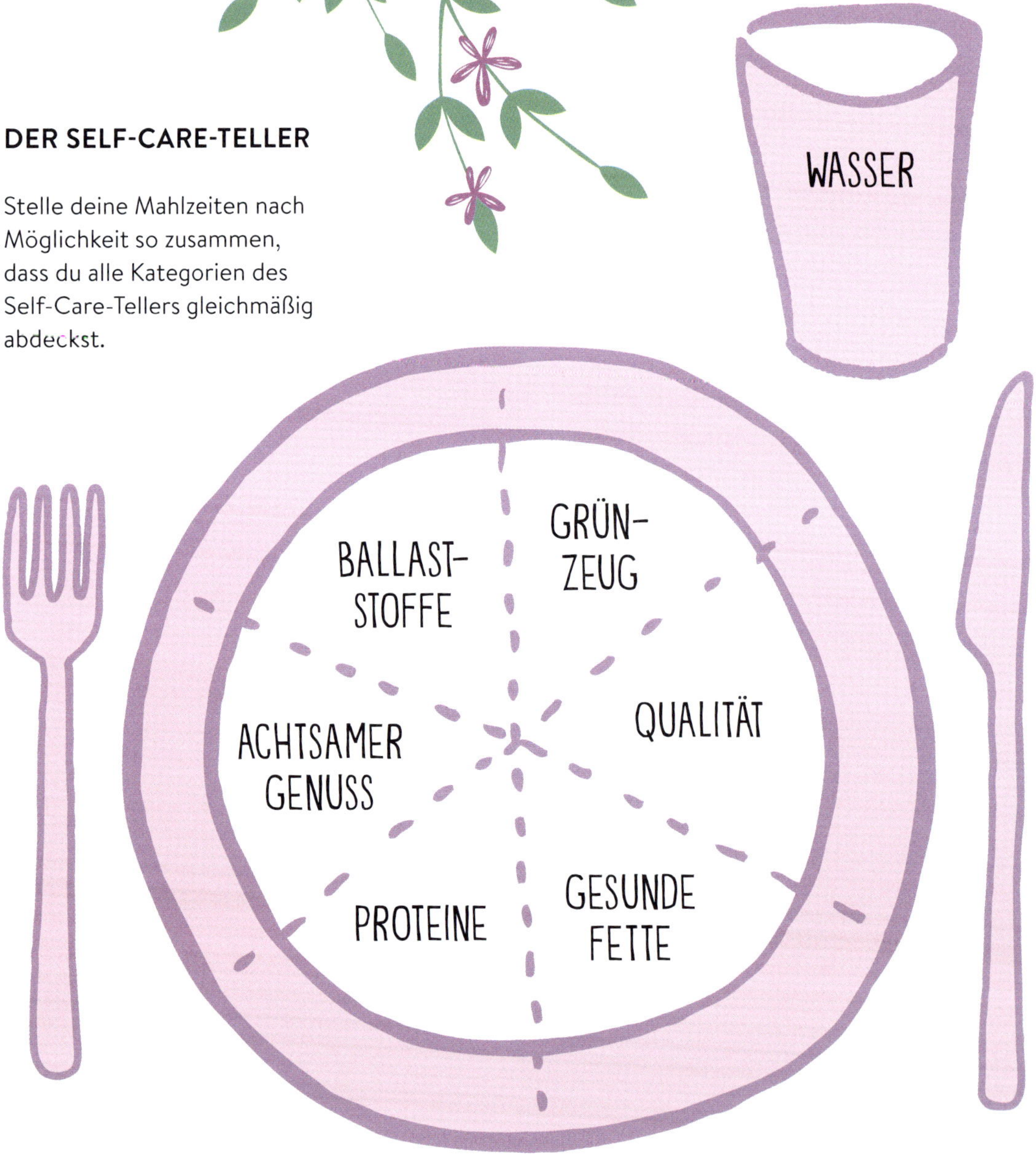

Ernährungsphysiologisch ist die Kombination aus Proteinen (= Eiweiß), gesunden Fetten, Ballaststoffen und grünem Gemüse ideal, um dich täglich mit allem zu versorgen, was dein Körper braucht und um deinen Blutzuckerspiegel stabil zu halten. Eine Mahlzeit nur aus Kohlenhydraten (= Zucker) würde deinen Blutzuckerspiegel rasant ansteigen und wieder abfallen lassen. Das macht Heißhunger. Fett, Proteine und Ballaststoffe verlangsamen diesen Prozess und deaktivieren Hunger-Hormone. Außerdem werden Entzündungen im Körper reduziert, eine gesunde Verdauung und Darmflora gefördert und dein Körper beim Entgiften unterstützt. Hier sind alle Elemente des Tellers erklärt:

Wasser

Dass wir viel Wasser trinken sollen gehört nicht mehr zu den heißen Geheimtipps. Immer wieder hören wir, dass wir Menschen zu 70-80 Prozent aus Wasser bestehen. Mich hat die wenn auch beeindruckende Zahl allerdings nie besonders motiviert. Dann hab ich halt ab und zu ein paar Prozent weniger Wasser im Körper, keine große Sache, oder? Aber weit gefehlt! Schon ein Abfall von einem Prozent des Wasseranteils in deinem Körper beeinträchtigt deine Leistungsfähigkeit und Konzentration, die Konsistenz deines Blutes, die Versorgung deiner Organe mit Nährstoffen und Sauerstoff – und als Resultat sogar deine Stimmung. Dein Stoffwechsel wird langsamer und dein Körper tut sich schwerer beim Ausscheiden von Abfallprodukten und Giftstoffen.

Wasser sieht in unserem Körper nicht einfach aus wie Wasser im Glas. Es verwandelt sich in funktionale Transportmedien wie Blut, Lymph- oder Rückenmarksflüssigkeit, polstert unser Bindegewebe auf und füllt Zellzwischenräume in unseren Organen, damit Nährstoffe gut transportiert werden können. Trinke mindestens zwei Liter täglich und mache es dir zur Gewohnheit, direkt morgens nach dem Aufstehen zwei Gläser Wasser zu trinken. Du hast schließlich gerade sechs bis neun Stunden keine Flüssigkeit zu dir genommen.

Grünzeug

Grünes Gemüse und Salat enthalten kaum Kalorien, dafür Unmengen Vitamine und Mineralien. Je satter die Farbe, desto höher der Gehalt an Chlorophyll und anderen sekundären Pflanzenstoffen, die antientzündlich und gesundheitsfördernd wirken. Versuche, schon morgens ein bisschen Spinat oder Grünkohl in deinen Smoothie oder ins Omelette zu geben. Du kannst auch geraspelte Zucchini in dein Porridge schummeln oder ein Frühstücksbrot daraus backen. Beim Grünzeug gilt: je mehr, desto besser.

Ballaststoffe

Sie sind eine Art von Kohlenhydraten, die dein Körper nicht verdauen kann. Sie erhöhen das Volumen deines Stuhls und den Druck auf die Darmwand, wodurch deine Verdauung in Gang kommt. Ballaststoffe regulieren außerdem den Blutzuckerspiegel, beugen Heißhunger vor und helfen dem Körper, Schadstoffe auszuscheiden. Sie füttern auch deine guten Darmbakterien und helfen deinem Körper dadurch, genug Glückshormone und Abwehrkräfte zu produzieren. Täglich solltest du 20-30 Gramm zu dir nehmen. **Gute Quellen:** stärkehaltiges Gemüse, Obst, Hülsenfrüchte, Lein- oder Chiasamen, Flohsamenschalen, Nüsse und Vollkornprodukte.

Proteine

Proteine sind die Bausubstanz unseres Körpers. Wir brauchen sie für den Aufbau und Erhalt von Muskeln, Bindegewebe und Haut und für einen starken Stoffwechsel. Sie machen uns länger satt als Fette oder Kohlenhydrate. Alle deine Mahlzeiten sollten eine Eiweißquelle enthalten, besonders wenn du Sport machst. **Gute Quellen:** Nüsse, Samen, Tofu, Hülsenfrüchte, hochwertiges Fleisch, Fisch oder Bio-Eier.

Gesunde Fette

Lange wurde Fett verteufelt, dabei sind gute Fette unverzichtbar für einen gesunden Hormonstoffwechsel, unsere Zellgesundheit und schöne Haut. Besonders Omega-3-Fettsäuren und mehrfach ungesättigte Fette unterstützen unsere Gehirnzellen und wirken sich positiv auf unsere Stimmung und unser Gedächtnis aus. Viele Vitamine kann unser Körper ohne Fett auch gar nicht aufnehmen. Außerdem hält es deinen Blutzuckerspiegel stabil, macht länger satt und verhindert Heißhunger. Schöner Nebeneffekt: Dein Essen schmeckt mit etwas Fett besser, da es wie ein natürlicher Geschmacksverstärker funktioniert. **Gute Quellen:** Oliven und Olivenöl, Walnüsse, Mandeln, Pistazien, Leinsamen, Avocado, Lachs, Makrele, Sardinen und Bio-Eier.

Achtsamer Genuss

Kaufe nicht nur mit dem Verstand ein, sondern auch mit dem Herzen. Suche dir die Lebensmittel aus, die dich spontan ansprechen und Lust aufs Kochen machen. Verbiete dir auch nichts. Frage dich lieber: Wie kann ich mit frischen, natürlichen Lebensmitteln noch mehr Farbe und Geschmack auf den Teller bringen? Geh nur nicht hungrig einkaufen, sonst verleitet dich dein Heißhunger schnell dazu, Zuckerhaltiges und Fertigprodukte zu kaufen.

Nimm dir mehr Zeit fürs Essen und schaffe eine schöne Atmosphäre. Wenn du mit deiner Familie isst, bitte alle, ihre elektronischen Geräte außer Reichweite zu legen und unterhaltet euch stattdessen. Und am wichtigsten: Genieße die Mahlzeit, für die du dich entschieden hast. Auch wenn es heute nicht die gesündeste Option ist. Dein Herz isst mit und möchte auch genährt werden.

Beruhige und vertiefe vor dem Essen 30 Sekunden deinen Atem, um dich zu entspannen. Schau dir genau an, was auf deinem Teller liegt, nimm den Geruch wahr und sprich im Geiste Dankbarkeit für das leckere Essen aus. Registriere wie es dir geht. Wie groß ist dein Hunger? Hast du überhaupt Hunger oder sehnst du dich nach einer Pause, einer Streicheleinheit oder Ablenkung? Und wie ist es nach dem Essen? Was sagt dein Bauch? Fühlst du dich schwer und müde, ist das Gericht vielleicht nicht so ideal für mittags. Bist du nach einer Stunde wieder hungrig, war die Portion zu klein.

Qualität

Wenn es dein Budget zulässt, kaufe möglichst oft Bio-Produkte. Sie enthalten keine schädlichen Pflanzenschutzmittel, die deinen Hormonhaushalt durcheinanderbringen können. Wenn du auch noch Lebensmittel aus deiner Region findest, schmecken diese oft besonders gut, da sie reif geerntet und nicht aus fernen Ländern importiert und tausende von Kilometern transportiert wurden. Sie enthalten deshalb auch eine höhere Konzentration guter Nährstoffe als konventionelles Obst und Gemüse.

Die Qualität deiner Lebensmittel hängt auch davon ab, wie stark sie verarbeitet wurden. Am meisten Nährstoffe stecken in frischen, unverarbeiteten Lebensmitteln. Ganz ohne Erhitzen geht's natürlich nicht, aber du solltest darauf achten, dein Essen nicht totzukochen. Starke und lange Hitzeeinwirkung killt nämlich viele gute Inhaltsstoffe. Kurzes Dünsten oder Dämpfen ist am nährstoffschonendsten.

Achte auch auf künstliche Zusätze, die verpackten Lebensmitteln beigefügt wurden, um sie haltbar zu machen oder den Geschmack zu intensivieren. Besonders häufig stecken sie in Fertiggerichten und -snacks. Lebensmittelingenieure haben lange getüftelt, um unwiderstehliche Convenience-Produkte zu entwickeln, von denen du einfach nicht genug bekommst. Das liegt an der perfektionierten Kombination aus Mundgefühl, intensivem Geschmack und Fett. Chips sind ein gutes Beispiel. Künstliche Geschmacksverstärker und Aromen unterwandern die natürlichen Sättigungssignale deines Körpers. Er weiß nicht mehr, wann du genug hast. Sei dir dessen bewusst und portioniere deine Snacks, anstatt die ganze Packung mit zur Couch zu nehmen.

MACH'S DIR LEICHT

Vorbereitung ist alles, wenn du dich gesund ernähren und ggf. deine Familie mit ins Boot holen willst. Wenn die gesündere Alternative gleichzeitig die bequemste ist, fällt die Entscheidung leicht. Über die Jahre und trotz vieler Ortswechsel und unregelmäßiger Arbeitszeiten habe ich einige Routinen entwickelt und liebgewonnen, mit denen mir gesunde Ernährung (meistens) ganz leicht fällt. Ich hoffe, sie helfen dir genauso wie mir:

1. Planung
Am Wochenende nehme ich mir Zeit, die kommende Woche zu planen. Ich schaue, an welchen Tagen ich zu Hause essen werde, wann ich verabredet bin und wann ich mir Mahlzeiten oder wenigstens einen Snack für unterwegs mitnehmen muss. Um niemals ausgehungert irgendwo anzukommen, wo es weit und breit nichts Gesundes zu essen gibt, habe ich immer ein Paar Nüsse oder ähnliches in der Tasche.

2. Einkauf
Ich kaufe einmal pro Woche gesund ein und fülle alle Vorräte auf. Um nichts zu vergessen habe ich eine digitale Einkaufsliste in meinem Smartphone abgespeichert. Sie beinhaltet alle gesunden Basics, die ich immer im Haus haben möchte, um jederzeit schnell eine gesunde Mahlzeit zu zaubern.

3. Vorkochen
Ein- bis zweimal pro Woche bereite und koche ich ein paar Dinge vor. Zum Beispiel mache ich ein ganzes Blech Ofengemüse, das ich jederzeit auf meinen Salat geben kann. Ich koche einen Topf Quinoa als

schnell verfügbare Beilage, Salatzutat oder eiweißreiche Alternative zu Haferflocken im Porridge oder Müsli. Je nachdem, was dir schmeckt, kannst du Eier hart kochen, Gemüsesticks vorbereiten, Hackbällchen braten …

Du wirst dich freuen, wenn du in einer stressigen Woche nur noch alles aus dem Kühlschrank holen und anrichten musst. Das Vorkochen kann sogar zum Me-Time-Ritual werden, wenn du dir schöne Stimmung schaffst. Und wer sagt, dass du beim Kochen nicht deine Lieblingsserie gucken darfst? Oder du nutzt die Vorbereitungen als Quality Time mit deiner Familie. Liebe geht ja bekanntlich durch den Magen.

4. Auf süße Gelüste vorbereiten

Der Moment wird kommen, in dem du etwas Süßes brauchst – sofort. Bereite dir leckere Naschereien vor, die wenig Zucker, aber viel Geschmack und gesunde Nährstoffe bieten. Eben Nervennahrung, die ihren Namen verdient. Super eignen sich Nüsse und Samen, Kokosflocken, Obst, Trockenfrüchte und ungesüßter Joghurt. Es kann richtig Spaß machen, ungesunde Lieblingssnacks mit gesunden Zutaten nachzubauen. Lass dich im Internet von Rezepten für Energiebällchen, Süßkartoffel-Brownies oder Chia-Pudding inspirieren. Dabei entdeckst du bestimmt das eine oder andere Lebenmittel, das du noch gar nicht auf dem Schirm hattest.

Wenn ich eine besonders anstrengende Woche vor mir habe, bereite ich mir gern kleine „Belohnungstüten" vor. Ich fülle kleine Beutelchen mit Nüssen, Trockenfrüchten und relativ gesunden Süßigkeiten. Nach getaner Arbeit oder zwischendurch als Pause setze ich mich auf die Couch, gönne mir so eine Tüte und genieße einen Moment in Ruhe nur für mich.

TIPP:

NASCHEN IST NICHTS SCHLECHTES. ERKLÄRE DIE SÜSSEN „SÜNDEN" ZU VERDIENTEN BELOHNUNGEN UND GENIESSE SIE BEWUSST!

Kapitel 5

ICH GENIESSE DAS LEBEN

In diesem Kapitel geht es darum, uns daran zu erinnern, wie wunderschön das Leben ist. Unsere Zeit hier auf der Erde ist begrenzt, deshalb sollten wir so viele glückliche Momente wie möglich genießen. Und zwar jetzt. Nicht erst, wenn du mehr Geld verdienst, die Kinder aus dem Haus sind, du einen Partner gefunden oder deine Wunschfigur erreicht hast. Warte nicht auf Idealbedingungen, sondern mach es dir jetzt so schön wie möglich. In jedem Moment liegt noch ein bisschen mehr Genuss-Potenzial, wenn du dir erlaubst danach zu suchen.

Es gibt viele Wege, das Leben zu genießen. Nicht immer muss sich etwas im Außen verändern. Du kannst auch Dinge, die du für selbstverständlich hältst, in ganz neuem Licht betrachten. Dazu möchte ich dir gleich zu Beginn eine wunderbare Übung vorstellen, mit der du deinen Fokus sofort ganz leicht auf die schönen Dinge des Lebens lenken kannst.

Die Glücks-Bohnen
Stecke dir am Morgen eine kleine Handvoll getrockneter weißer Bohnen in die linke Hosentasche. Jedes Mal, wenn am Tag etwas Schönes passiert, du dich über etwas freust, oder jemand nett zu dir ist, steckst du eine Bohne von der linken in die rechte Hosentasche. Am Abend zu Hause holst du alle Bohnen aus deiner rechten Hosentasche und erinnerst dich für jede einzelne zurück an den jeweiligen Moment. Mach die Übung jeden Tag, bis du auch ohne abendliches Bohnenzählen das Gute an jedem Tag wahrnimmst.

DAS LEBEN LIEBT DICH

Um das Leben in vollen Zügen zu genießen, müssen wir davon überzeugt sein, dass die Welt es gut mit uns meint. Diesen unerschütterlichen Glauben, dass alles im Leben für uns passiert und nicht gegen uns, nennt man Urvertrauen. Wenn dein Leben aktuell noch nicht so ist, wie du es dir wünschst oder deine Pläne unvorhergesehen platzen, dann vertraue darauf, dass das Leben noch etwas viel besseres mit dir vorhat. Wer kennt die Geschichten nicht, in denen erst alles schief gehen musste, um dann noch viel besser als vorher zu werden. Ich glaube fest daran, dass das Leben mir immer das gibt, was ich wuppen kann. Sowohl die Chancen als auch die Schicksale und Herausforderungen. Ich frage nicht mehr wie früher „Warum gerade ich?“, wenn etwas Schlimmes passiert, sondern versuche die Situation als Chance für Wachstum und Selbsterkenntnis anzusehen. So ein Vertrauen in das Leben aufzubauen ist nicht leicht, aber für mich die einzige Möglichkeit, in Frieden zu leben. Höre auf dein Herz und entwickle wieder Vertrauen in das Gute im Leben.

1. Vertraue dem Leben

Weißt du eigentlich, dass die Chance, dass genau du geboren wurdest, unvorstellbar gering war? Wissenschaftler haben versucht die Wahrscheinlichkeit auszurechnen und sind auf etwa 1:400 Billiarden gekommen. Wenn du in Deutschland Lotto spielst, liegt deine Chance den Jackpot zu knacken bei 1:140 Millionen. Im Vergleich zu deiner Geburt ist ein Sechser im Lotto also fast schon garantiert. Warum ich dir das sage? Damit du wieder ein ganz kleines bisschen an Wunder glaubst und deine eigene Existenz wieder mehr wertschätzt. Du bist etwas ganz Besonderes. Vertraue darauf, dass das Leben für dich passiert, nicht gegen dich. Tägliche Affirmationen und die Glücks-Bohnen-Übung helfen dir, die Welt wieder mehr durch die Positiv-Brille zu betrachten.

2. Vertraue dir selbst

Das ist das allerwichtigste überhaupt. Denn wenn du darauf vertraust, dass du die innere Kraft und die Ressourcen besitzt, jede Situation, sei sie noch so schwer, zu meistern, dann bist du frei. Frei von äußeren Umständen und anderen Menschen. Frei, um glücklich zu sein und um Herausforderungen als Chance für Wachstum anzunehmen. Die positive Überzeugung von der eigenen Kraft und Einflussnahme nennt man Selbstwirksamkeit. Wenn du dir in der Vergangenheit oft Dinge vorgenommen und sie dann nicht erreicht oder vorzeitig aufgegeben hast, hat das vielleicht dein Gefühl von Selbstwirksamkeit geschmälert. Um es wieder zu stärken, setze dir realistische Teilziele und nimm auch kleine Erfolgserlebnisse wahr. Gedanken wie „Ich kann das nicht“ stoßen ganz andere Gefühle und Taten an, als der innere Satz „Ich werde das schaffen“. Beim ersten Satz sabotierst du dich selbst und vermeidest, deine Komfortzone zu verlassen. Beim zweiten Satz denkst du lösungsorientiert und wirst erste Schritte gehen, die dich weiterbringen. Glaub an dich!

3. Vertraue anderen

Wenn du anfängst an das Gute in anderen zu glauben, wird das Leben dir Türen und Herzen öffnen. Das heißt natürlich nicht, dass du dir alles gefallen lassen sollst. Du solltest dich von anderen nie schlecht behandeln lassen. Und natürlich müssen sich fremde Menschen erst dein Vertrauen verdienen, bevor du dich bei ihnen völlig fallen lässt. Aber dazu musst du ihnen auch die Chance geben. Oft bilden wir uns vorschnell eine Meinung über andere und geben so niemandem die Möglichkeit, uns richtig kennenzulernen.

IM HIER UND JETZT LEBEN

Zwei Angewohnheiten machen uns ganz sicher unglücklich: gedanklich in der Vergangenheit zu leben und uns ständig über die Zukunft Sorgen zu machen. Denn beides können wir nicht kontrollieren. Vergangenes können wir nicht ungeschehen machen. Wir können nur verändern wie wir darüber urteilen. Wenn wir nicht gerade wichtige Schlüsse für unser Handeln in der Gegenwart ziehen oder etwas aufarbeiten, sollten wir die Vergangenheit ruhen lassen. Und für die Zukunft können wir zwar Pläne schmieden und unser Bestes geben, doch nichts im Leben ist zu 100 Prozent vorhersehbar. Garantien gibt es nicht. Der wichtigste Moment wird deshalb immer der jetzige sein. Steigern wir uns hinein in das was war und was sein wird, verpassen wir was ist. Wenn du dich dabei erwischst, mit den Gedanken ganz woanders zu sein, frage dich: „Was ist mir jetzt gerade wichtig?“ Mit den folgenden Übungen und Gedankenexperimenten kannst du deinen Fokus im Alltag ins Hier und Jetzt lenken.

Gedanken ziehen lassen

Dein Kopf ist den ganzen Tag damit beschäftigt, die Welt um dich herum zu analysieren. Das Schöne ist: Du musst weder auf jeden Gedanken reagieren, noch musst du sie glauben. Lange habe ich gedacht, meine Gedanken – das bin ich. Aber wenn du genauer darüber nachdenkst, wirst du merken, dass da ja noch eine höhere Instanz in deinem Kopf ist. Nämlich dein Bewusstsein. Dein Bewusstsein kann die einzelnen Gedanken, die im Unterbewusstsein ihr Eigenleben führen, wahrnehmen, bewerten und stoppen. Es kann entscheiden, einen Gedanken einfach weiterziehen zu lassen ohne an ihm festzuhängen. Falls die Gedanken hartnäckiger sind, mach dir eine mentale Notiz. Sag zu dir selbst zum Beispiel: „Da sind wieder die Gedanken an meine unerledigten To-Dos. Ich habe euch wahrgenommen. Zieht mal schön weiter. Ich befasse mich später mit euch.“ Fertig. Das machst du mit allen Gedanken, die sich ungefragt aufdrängen.

Achtsames Atmen

Den eigenen Atem zu kontrollieren ist eine der einfachsten und effektivsten Maßnahmen, um wieder in deine eigene Mitte zu kommen und dich zu entspannen. Nimm dir eine Minute Zeit. Wenn du kannst, suche dir einen ruhigen Ort, aber bewusstes Atmen funktioniert auch unterwegs. Atme für fünf Sekunden durch die Nase ein, bis Lungen und Bauch mit Luft gefüllt sind, dann fünf Sekunden durch den Mund aus. Eine Hand auf der Brust, die andere auf dem Herzen abzulegen kann deine Selbstverbundenheit in dem Moment stärken. Als Entspannungs-Beschleuniger setze ich auch gerne Kopfhörer auf und mache Binaural Beats an (gibt's kostenlos auf Youtube oder Musikplattformen wie Spotify). Das sind meditative Soundwellen auf ganz bestimmter Frequenz, die deine Gehirnwellen synchronisieren und entspannend wirken sollen. Bei mir funktioniert's.

Das Drehbuch

Stell dir vor du schreibst das Drehbuch, und zwar für die Szene, die du gerade erlebst. Sei so detailgetreu wie möglich. Aber befolge die wichtigste Regel für Drehbuchautoren: Beschreibe nur, was die Zuschauer sehen können. Diese Übung zwingt dich, einen neutralen Blick auf die Situation zu werfen. Vielleicht stellst du fest, dass alles halb so wild ist und dass du auch eine andere, nicht wertende Perspektive einnehmen kannst. Darüber hinaus bist du mit deiner Aufmerksamkeit ganz im Hier und Jetzt. Nichts aus der Vergangenheit oder Zukunft ist für die jetzige Szene von Bedeutung.

Dankbarkeit

Schreibe fünf Dinge auf, für die du gerade dankbar bist. Das muss nichts Großes sein. Es geht vielmehr darum, überhaupt nach Dingen Ausschau zu halten, die Dankbarkeit in dir auslösen. Laut Glücksforschern kann unser Gehirn nicht dankbar und unglücklich zugleich sein, denn Dankbarkeit setzt Glückshormone wie Serotonin und Dopamin frei.

Yoga und Stretching

Sich ganz bewusst zu bewegen stärkt unsere Kopf-Körper-Verbindung. In den eigenen Körper hineinzuspüren lenkt den Fokus automatisch auf die Gegenwart. Sind wir dazu noch im Flow beim Yoga oder konzentrieren uns auf Bewegungsabfolgen, bleibt dem Gehirn keine Zeit zum Grübeln. Beim Yoga und beim Dehnen kann man auch wunderbar bewusst in verspannte Körperregionen hineinatmen und den Kontakt zum Boden spüren. Das erdet und entspannt.

ZEIT ZUM NICHTSTUN

Planst du eigentlich nur deine Termine oder auch dein Nichtstun? Pausen sind wichtig für unser Gehirn. Denn das steht unter Dauerfeuer und ist völlig reizüberflutet. Meine Klienten in New York litten besonders darunter. Trotzdem füllten sie jede freie Minute ihres Kalenders mit Aktivitäten, zum Beispiel Freunde treffen, zum Sport gehen, etwas Neues lernen, die Wohnung renovieren. Obwohl ihnen das alles Spaß machte, hatten sie das Gefühl, zu kurz zu kommen und nie richtig abzuschalten. Wenn ich sie fragte, wann sie mal keinen Input hatten, sie also nicht beschäftigt waren, sich unterhielten, etwas lasen oder schauten, mussten sie lange überlegen. Meistens war die Antwort: „Nur wenn ich schlafe."

Wenn unser Gehirn jede wache Minute etwas zu tun hat, ist es so, als würden wir ständig neue Holzscheite ins Feuer nachlegen, obwohl wir es eigentlich ausglühen lassen wollten. Unseren Kopf einfach mal in Ruhe zu lassen wäre aber wichtig für unser Wohlbefinden. Wir kommen meist auch plötzlich auf gute Ideen oder Lösungsansätze, wenn wir nichts denken.

Mit meiner Klientin Tori habe ich deshalb das Konzept von White Space entwickelt. Dabei ging es darum, in ihrem Tag „weißen Raum" zu schaffen. Also ein Zeitfenster einzuplanen, in dem sie nichts tut und keine Informationen konsumiert. Der Name entstand, als ich sie bat zu beschreiben, wie sich völlige mentale Entspannung und Stille für sie anfühlen würde. Sie beschrieb einen hellen weißen Raum ohne optische Ablenkungen, in dem sie in der Mitte auf einer flauschigen weißen Couch sitzt und nur ihrem eigenen Atem lauscht.

Jetzt trägt sie jede Woche eine Stunde White Space in ihren Kalender ein. Meist an einem Sonntag. Sie sitzt dann einfach nur gemütlich auf der Couch, badet oder geht spazieren und hängt ihren Gedanken nach. Zudem versucht sie ihren Arbeitsweg öfter ohne Ablenkung zu bewältigen. Kein Podcast, keine Musik, nichts auf dem Smartphone lesen oder durch Instagram scrollen. Probiere es aus und plane White Space in deine Wochen ein. Du kannst die Stunde auch „Alles-kann-nichts-muss" nennen. Hauptsache, du hältst dir Zeit frei, um einfach zu sein. Dabei wirst du merken, wie schwer es zunächst ist, nichts zu tun. Deine Hand wird vielleicht alle paar Minuten automatisch nach deinem Handy tasten. Aber du gewöhnst dich dran und es wird dir von Mal zu Mal leichter fallen, zu entspannen.

DIGITAL DETOX

Wie sehr hat dich dein Handy im Griff? Bist du morgens als erstes auf Social Media unterwegs oder checkst deine E-Mails? Versinkst du manchmal stundenlang auf Youtube oder bist in Gesprächen mit Freunden unaufmerksam, weil du deine Nachrichten im Blick hast? Wir sind als Gesellschaft mittlerweile so süchtig nach unserem Handy, dass wir schon nicht mehr ohne auf die Toilette gehen. Schau mal in deinen Smartphone-Einstellungen nach, wie viel Zeit du täglich damit und in bestimmten Apps verbringst. Hat dir diese Zeit wirklich gutgetan? Oder könntest du sie besser für dich nutzen? Mach ab und zu eine Online-Pause.

Hier sind Tipps für deinen Digital Detox:

- Kaufe dir einen manuellen Wecker und nimm dein Handy nicht mehr mit ins Schlafzimmer.
- Lass dein Handy morgens eine Weile im Flugmodus und beschäftige dich erst mit dir selbst und deiner Morgenroutine, bevor du auf die hektische digitale Welt reagierst.
- Plane wöchentliche Offline-Zeiten ein. Vielleicht möchtest du auch den ganzen Sonntag ohne Handy verbringen? Warum nicht!
- Sei nicht den ganzen Tag erreichbar, sondern plane beispielsweise feste Zeitfenster ein, in denen du E-Mails checkst. Multitasking ist eine Illusion. Du bist produktiver, wenn du dich auf jeweils eine Tätigkeit konzentrierst. Schaue morgens und abends in dein Postfach und kümmere dich den Rest des Tages um andere Aufgaben.
- Erinnere dich daran, dass du im Netz nichts verpasst. Die wirklich spannenden Dinge passieren im wahren Leben und genau vor deiner Nase. Du musst nur hingucken.
- Vereinbare mit deinem Gegenüber, das Handy beim Essen oder bei intimen Gesprächen in der Tasche zu lassen.
- Stell die Push-Benachrichtigungen für alle Apps auf deinem Handy und für die Programme auf deinem Laptop aus. Es gibt keinen Grund, dass jedes Mal dein Bildschirm aufleuchtet, wenn jemand etwas auf Social Media teilt oder kommentiert.

Kapitel 6

ICH BIN GUT VERNETZT

Unsere Beziehungen sind das wichtigste in unserem Leben. Dabei geht es nicht nur um Partnerschaften, sondern um alle unsere Beziehungen: Freunde, Familie, Kollegen und Mitmenschen. Wenn wir Rückhalt, Liebe und Verbundenheit erfahren, kann uns nichts so schnell aus der Bahn werfen. Vielleicht hast du schon mal von den sogenannten Blue Zones der Welt wie Okinawa in Japan oder Sardinien gehört. Es sind Gebiete, in denen Menschen überdurchschnittlich lange und gesund leben. Meist wird ihre Langlebigkeit auf ihr Essen oder die Ursprünglichkeit der Landschaft zurückgeführt. Aber ein ganz entscheidender Faktor ist auch, dass diese Menschen täglich soziale Kontakte pflegen, mit ihren Nachbarn sprechen, einen starken Familienzusammenhalt haben und enge Freundschaften hegen. Gemeinschaft und liebevolle Beziehungen sind heilsam. Wenn unsere Beziehungen dagegen leiden, von Missgunst, Streit und Lügen geprägt sind, kann das alle schönen Seiten deines Lebens überschatten und dir viel Energie rauben.

Zu Self-Care gehört deshalb unbedingt, dass du dich ehrlich fragst, wie es um deine Beziehungen steht. Mach dir bewusst, was welche Menschen in dir auslösen, was sie dir bedeuten, welche Erwartungen im Spiel sind und wie die Qualität eurer Beziehung ist. Deine Beziehungen zu anderen sagen auch viel darüber aus, wie deine Beziehung zu dir selbst ist und wie du dich behandelst. Wenn wir selbst nicht besonders nett zu uns sind und nicht glauben, dass wir Liebe verdienen, landen wir manchmal in Beziehungen (egal ob freundschaftlich oder intim) mit Menschen, die uns genauso behandeln. Anstatt uns mit Menschen zu umgeben, die das Beste in uns selbst zum Vorschein bringen, wenn wir uns schlecht fühlen, fühlen wir uns oft zu Gleichgesinnten hingezogen, die unsere Probleme und Stimmung teilen. Dann verändern wir uns allerdings auch weniger wahrscheinlich zum Positiven, sondern bleiben zusammen in einer Negativspirale hängen.

TIPP:

NUTZE JEDE GELEGENHEIT, MIT NEUEN LEUTEN INS GESPRÄCH ZU KOMMEN, OB IM SUPERMARKT, IM CAFÉ, IN DER STRASSENBAHN …

MACH SCHLUSS MIT TOXISCHEN BEZIEHUNGEN

Hast du Menschen in deinem Leben, die dich mit ihrer Negativität runterziehen, zu ihrem Vorteil manipulieren, ausnutzen oder dir immer das Gefühl geben, nicht gut genug zu sein? Hast du Freunde, die deine Macken verurteilen oder nie für dich da sind, wenn du sie brauchst? Freundschaften zu beenden ist sehr schwer, gerade wenn sie schon seit vielen Jahren bestehen. Aber wenn sie dir nicht guttun lohnt es sich, getrennte Wege zu gehen, wenigstens für eine Weile. Schütze dich selbst und stelle den Kontakt mit ihnen ein oder distanziere dich soweit es geht. Sie haben deine Aufmerksamkeit und Energie nicht verdient. Wenn ein Streit die Ursache für die Disharmonie ist, versuche ihn offen und empathisch aus der Welt zu schaffen. Aber wenn das nicht gelingt, solltest du als Maßnahme der Selbstfürsorge einen Schlussstrich ziehen. So etwas ist immer schwer, aber du bist wertvoll und verdienst Liebe und Respekt. Egal wie lange man sich schon kennt, manchmal passt es einfach nicht mehr. Sei deine eigene beste Freundin und mach Schluss mit toxischen Beziehungen. Damit machst du Platz in deinem Leben für neue wunderbare Menschen. Konzentriere dich darauf, selbst eine gute und positive Gesellschaft für andere und dich selbst zu sein – liebe Menschen werden dann von ganz allein in dein Leben kommen.

SELF-CARE FÜR DEINE BEZIEHUNGEN

Alle deine Beziehungen brauchen Fürsorge und Pflege, damit sie nicht eingehen. Diese Tipps gelten sowohl für Paare als auch für deine Beziehungen zu guten Freunden und deiner Familie:

- Verbringe bewusster Zeit mit deinen Liebsten und schenke ihnen deine ungeteilte Aufmerksamkeit ohne Smartphone oder Fernseher.

- Sei ein aufmerksamer Zuhörer.

- Bring Abwechslung rein und sorge für besondere Momente und Erinnerungen, indem ihr öfter etwas Neues unternehmt. Plane besonders mit deinem Partner ein regelmäßiges Date Night Ritual, an dem ihr etwas Schönes unternehmt.

- Bring geliebten Menschen Wertschätzung entgegen und sage ihnen regelmäßig, wie viel sie dir bedeuten.

- Respektiere, wenn ihr unterschiedlicher Meinung seid und versuche nicht, andere zu verbiegen.

- Entschuldige dich, wenn du einen Grund dazu hast und geh nicht im Streit auseinander.

- Tu deinen Lieben etwas Gutes oder überrasche sie mit kleinen Geschenken. Sie müssen nicht teuer sein. Schon ein Stück Kuchen oder ein Blume können einer anderen Person den Tag versüßen.

- Sei ehrlich und hab keine Angst auch mal Verletzlichkeit und Schwäche zu zeigen.

- Um sicherzustellen dass deine Bedürfnisse geachtet und verstanden werden, solltest du sie offen kommunizieren. Erwarte nicht, dass andere deine Gedanken lesen können. Formuliere dabei lieber Ich-Botschaften, wenn du dir etwas wünschst, statt Du-Vorwürfe zu machen.

- Lass nach einer hitzigen Situation erst ein wenig Ruhe einkehren und sprich immer in einem respektvollen Ton, sonst sagst du vielleicht Dinge, die du so schnell nicht wieder zurücknehmen kannst.

SELF-CARE IN DER PARTNERSCHAFT

Gerade wenn wir frisch verliebt sind neigen wir dazu, jede freie Minute mit unserem Partner verbringen zu wollen. Das ist zwar schön, kann aber auch zu viel werden. Vor allem wenn man verpasst, nach der „Anfangsverschmelzung" wieder eigene Routinen und Freundschaften zu pflegen. Beide Partner in einer Beziehung sollten auch als Individuen funktionieren und eigenständige Identitäten haben. Das hält die Liebe frisch. Wir finden unsere Partner nämlich besonders attraktiv, wenn wir sie in ihrem Element und in Aktion beobachten oder sie Spannendes zu erzählen haben. Dafür müssen wir auch mal etwas getrennt machen. Anziehung setzt immer ein wenig Distanz voraus. Haltet euch das Gefühl des Vermissens aufrecht, dann werdet ihr regelmäßig mit Schmetterlingen im Bauch und Wiedersehensfreude belohnt.

SINGLE UND GLÜCKLICH

Im allgemeinen Verständnis unserer Gesellschaft gehört eine Beziehung genauso zu einem erfüllten Leben wie ein guter Job, ein schönes Zuhause und Gesundheit. Wenn uns der Partner fehlt, scheint unser Leben unvollständig. Je älter wir werden, desto mehr fühlen wir uns unter Druck, uns an jemanden zu binden. Wir müssen uns Fragen darüber gefallen lassen, warum wir immer noch Single sind. Alleinsein wird oft stigmatisiert und mit Einsamkeit gleichgesetzt. Also sind wir auf der Suche nach unserer „besseren Hälfte", um uns vollständig zu fühlen. Während ich dieses Buch schreibe, bin ich gerade frisch getrennt und weiß, wie schmerzhaft Alleinsein in bestimmten Momenten ist. Aber aus diesen Phasen, in denen du dein eigener Lebenspartner sein musst, kannst du unfassbar viel Kraft und Selbstbewusstsein schöpfen. Du kannst dich und deine Bedürfnisse schamlos in den Mittelpunkt stellen, dich selbst besser kennen- und lieben lernen und dich entfalten. Bewerte dein Leben nicht als weniger lebenswert, weil du Single bist. Dein Leben ist jetzt. Du bist nicht auf Standby bis zur nächsten Beziehung. Du kannst jetzt schon erfüllt und vollständig sein. Mach die Zeit zu deiner persönlichen Self-Care-Party und entwickle eine liebevolle Beziehung zu dir selbst, bevor du jemand anderen in dein Leben lässt. Verbringe mehr Zeit mit Freunden und deiner Familie und mach dir bewusst, dass du auch ohne Partner glücklich sein kannst. So öffnest du dich für bedingungslose Liebe. Je glücklicher dein eigenes Leben ist, desto glücklichere potenzielle Partner ziehst du an.

SOCIAL MEDIA – DEINE DIGITALEN FREUNDE

Social Media gibt vielen von uns das Gefühl, alle um uns herum würden besser aussehen, mehr Freunde, die perfekte Beziehung oder das größte Haus haben und ein aufregendes Leben zwischen Dauerurlaub und erfolgreicher Unternehmensgründung führen. Obwohl wir es besser wissen, vergessen wir oft, dass auf Social Media meist nur die Highlights gezeigt werden und nicht die langweiligen oder unschönen Momente dazwischen. Wenn wir unseren ganz normalen Alltag mit diesen Best-of-Szenen einer konstruierten Welt vergleichen, können wir ja fast nur unzufrieden sein.

Wenn es dir so geht, stell dir vor, wie es hinter den Kulissen aussieht. Wie lange da für ein Foto posiert wurde und dieses Foto dann bearbeitet wird. Und welche Sorgen und Probleme die Menschen hinter den Fotos haben. Denn das ist sicher: Jeder hat sein Päckchen zu tragen. Die Wirkung nach außen muss überhaupt nicht mit der Innenwelt eines Menschen übereinstimmen. Oft können nicht einmal die Personen hinter den Accounts im wahren Leben mit ihrem gefilterten Online-Selbst mithalten. Also musst du dich schon gar nicht unter Druck setzen lassen. Das echte Leben passiert vor deiner Nase und da wo du bist, egal was irgendwo im Internet passiert.

Achtsam folgen

Du entscheidest auch in der digitalen Welt, wer Teil deines Netzwerkes ist und welche Menschen du in dein Leben lassen möchtest. Wir verbringen heute so viel Zeit auf Social Media, die meisten von uns scrollen täglich mehrmals, und kommen dabei auf mehr als zwei Stunden. Stell dir mal vor, du würdest die Zeit, die du täglich in Social Media investierst, mit echten Menschen verbringen. Diese Gruppe Menschen wäre ein ziemlich relevanter Teil deines Lebens. Du würdest dir sicher zweimal überlegen, mit wem du dich da umgibst. Würdest du mit den Leuten, denen du im Internet folgst, auch im wahren Leben gern Zeit verbringen? Wie würdest du dich in ihrer Gesellschaft fühlen? Vertreten sie Werte, die du auch an deinen echten Freunden schätzt? Ist dir ihr Charakter sympathisch? Oder sind wenigstens ihre Inhalte inspirierend, lehrreich oder in irgendeiner Form hilfreich für dich? Falls nicht, gibt es keinen Grund, für sie und ihre geposteten Inhalte Platz in deinem Leben zu machen. Wähle Profile und Kanäle, denen du auf Facebook, Instagram und Co. folgst, bewusst so aus, dass dir das Scrollen gute Laune macht. Für alles andere gibt es den Unfollow-Button. Du wirst nichts verpassen, wenn du nicht den Top-Influencern folgst. Du musst nicht mal Leuten folgen, nur weil ihr euch im wahren Leben kennt. Wirklich Wichtiges wirst du nicht verpassen, nur weil du offline bist. Und wenn dich bestimmte Inhalte und Themen runterziehen, kannst du übrigens auch einzelne Begriffe und Hashtags in den Einstellungen der meisten sozialen Netzwerke wie Instagram sperren, sodass du sie gar nicht erst angezeigt bekommst. Wenn du zum Beispiel keine Beiträge zu #Diät oder #Bikinibody mehr sehen möchtest, musst du das nicht. Mach dich frei davon.

HELFEN UND HELFEN LASSEN

Um Hilfe zu bitten, wenn wir an unsere Grenzen stoßen, ist ein wichtiger Teil von Self-Care. Versuchst du momentan um jeden Preis, alles alleine zu stemmen und ja niemandem zur Last zu fallen? Dann lass mich dich daran erinnern, dass Menschen grundsätzlich sehr gerne helfen. Wir alle wollen gebraucht werden und etwas Positives zu unserer Gemeinschaft beitragen. Du kennst das sicher vom Schenken: Meist freut sich die schenkende Person genauso sehr wie die beschenkte.

Anderen zu helfen macht nachweislich glücklich. Spring ruhig über deinen Schatten und lass dein Umfeld wissen wenn du Hilfe brauchst. Das hat nichts mit Schwäche zu tun, sondern mit ehrlicher Selbsteinschätzung. Dadurch werden sich deine Beziehungen wahrscheinlich sogar verbessern. Jedes Mal, wenn du Schwäche eingestehst, gibst du damit auch anderen die Möglichkeit, ehrlich über ihre Überforderung oder Probleme zu reden und um Hilfe zu bitten. Und das ist es doch, was gute Beziehungen ausmacht. Dass man einander nicht ständig vorspielt, wie toll man alles im Griff hat, sondern dass man auch herausfordernde Momente des Lebens miteinander teilt. Also, bitte um Hilfe. Du würdest schließlich auch wollen, dass deine Freundinnen auf dich zukommen, wenn sie überfordert sind, oder? Du wirst überrascht sein, wie gern dir andere Menschen helfen.

Achte nur darauf, den Gefallen auch regelmäßig zu erwidern und bedanke dich auch für Kleinigkeiten. Halte selbst die Augen offen, schau wirklich hin und nimm wahr, wie es deinen Liebsten geht. Biete ihnen Hilfe an, auch wenn du nicht explizit gefragt wirst. Oder finde im Alltag kleine Möglichkeiten, andere zu unterstützen. Das kann seelische Unterstützung sein, ein ernstgemeintes Kompliment oder einfach nur ein Lächeln. Unsere Perspektive auf unsere Mitmenschen zu lenken kann uns wunderbar von unseren eigenen Problemen ablenken. Und das Glück, das du in anderen auslöst, kommt immer zu dir zurück.

TIPP:

SPRING ÜBER DEINEN SCHATTEN UND BITTE JEMANDEN UM HILFE. STARTE MIT EINER KLEINIGKEIT UND GEWÖHNE DICH LANGSAM DARAN.

PFLEGE DEIN NETZWERK

Es heißt, dass du der Durchschnitt der fünf Menschen bist, mit denen du die meiste Zeit verbringst. Deshalb ist es so wichtig, diejenigen, von denen wir uns ganz automatisch täglich beeinflussen lassen, gut auszuwählen. Natürlich hat man nicht immer die Wahl, „schwierigen“ Menschen aus dem Weg zu gehen. Aber vielleicht kannst du wenigstens eine weitere Person in deinen engen Kreis aufnehmen, die dich inspiriert? In jungen Jahren denken wir meist nicht so viel darüber nach. Wir schließen Freundschaften mit unseren Sitznachbarn in der Schule, mit unseren Nachbarn zu Hause oder dem Kind mit dem coolsten Rucksack. Als Erwachsene dagegen könnten wir unser direktes Netzwerk gezielter wählen. Das hat nichts Verwerfliches an sich. Genauso, wie du Freundschaften kündigen darfst, die dir nicht guttun, ist es nie zu spät, neue Kontakte zu knüpfen. Und wieso sollten wir nicht nach Menschen suchen, die möglichst viel mit uns gemeinsam haben? Wenn in deinem direkten sozialen Umfeld niemand so tickt wie du, heißt das nicht, dass du komisch bist oder seltsame Interessen hast. Du bist vielleicht nur noch nicht an den richtigen Orten unterwegs oder du hast noch nicht mit den richtigen Menschen gesprochen. Hast du vielleicht schon Gleichgesinnte in deinem Umfeld, die deine Interessen teilen? Etwa beim Yogakurs, im Büro oder in der Kita deiner Kinder? Frag sie und finde es heraus. Oder bitte deine Freunde, dich neuen Kontakten vorzustellen. Wenn du gerne mehr Sport machen willst, frage deine sportlichen Freunde, ob sie dich mitnehmen. Oder mache jede Woche den gleichen Sportkurs. Schon bald wird man dich dort vermissen, wenn du mal nicht hingehst. Du kannst auch einer Gruppe mit anderen Sportbegeisterten auf Social Media beitreten, in der ihr euch gegenseitig motiviert. Überlasse Freundschaften nicht dem Zufall, sondern suche sie gezielt. Außerdem solltest du auch darauf achten, berufliche und nachbarschaftliche Kontakte zu pflegen. Ein starkes Netzwerk gibt dir Rückhalt und öffnet viele Türen.

TIPP:

FRAG MENSCHEN UM DICH HERUM ÖFTER MAL NACH IHREN INTERESSEN. VIELLEICHT ENTDECKST DU UNGEAHNTE GEMEINSAMKEITEN.

Kapitel 7

ICH BIN AKTIV

Bewegung tut immer gut. Du bist sicher noch nie vom Sport nach Hause zurückgekommen und hattest schlechtere Laune als vorher. Das liegt daran, dass körperliche Aktivität Botenstoffe wie das Glückshormon Serotonin freisetzt, Stress abbaut und unseren gesamten Körper besser mit Blut und Sauerstoff versorgt. Wer sich körperlich bewegt, bewegt auch was in seinem Leben und bringt alles in Fluss. Wir haben mehr Energie als ohne die zusätzliche körperliche Betätigung (vorausgesetzt, wir übertreiben es nicht) und ein Hochgefühl, das sich auf alle Bereiche unseres Alltags auswirkt.

Warum fällt es uns trotzdem oft so schwer, uns regelmäßig zu bewegen? Der innere Schweinehund, mangelnde Motivation und fehlende Zeit gehören zu den häufigsten Gründen. Es kann aber auch sein, dass du dich zu sehr unter Druck setzt und dir ein Sportpensum auferlegst, das dich überfordert.

DIE SACHE MIT DER MOTIVATION

Wenn wir neue Routinen aufbauen oder unsere Verhaltensweisen ändern wollen, brauchen wir Motivation. Aber die wird oft missverstanden als etwas, was auf magische Weise von außen zu uns kommt, bevor wir etwas Neues ausprobieren. Aber so funktioniert Motivation nicht. Wir müssen sie aktiv in unserem Inneren kreieren und aufrechterhalten. Und vor allem müssen wir lernen, auch mal ohne Motivation loszulegen. Heißt: Nicht aufschieben oder das Handtuch werfen, nur weil wir uns gerade nicht motiviert fühlen. Denn zwischendurch werden wir unvermeidbar auf Widerstand stoßen oder in alte Muster verfallen.

Aller Anfang ist ungewohnt

Veränderung erfordert immer eine Anpassungsphase. Stell dir das vor wie bei einem Computer, der gerade ein Update installiert. Es dauert, es nervt, es sieht aus als wenn es überhaupt nicht vorangeht. Aber im Hintergrund werden ganz viele Dateien umprogrammiert. Und dann ... zack, läuft auf einmal alles wie geschmiert. Das Gleiche passiert, wenn du eine neue Gewohnheit verfestigen willst.

Mit kleinen Schritten und Geduld am Ball bleiben

- Mache dir klar, dass sich Neues oft erstmal „falsch" anfühlt, obwohl es besser für dich ist als dein gewohntes Verhalten. Bevor du eine neue Sportart oder Bewegungs-Routine genießt, braucht es meist eine Anpassungsphase.

- Mach dich nicht dafür fertig, Widerstand zu empfinden. Das ist ganz normal und wird vergehen. Sei im Selbstgespräch mit dir empathisch und liebevoll statt kritisch.

- Setz dich nicht unter Druck, indem du dir zu viel vornimmst. Wenn du nach einem anstrengenden Tag keine Lust auf deine Laufrunde hast, dann zieh einfach mal deine Laufsachen an und geh spazieren. Mach dich davon frei, irgendetwas zu müssen.

- Setz dir ein Fünf-Minuten-Minimum für deine Bewegungseinheiten. Wenn du danach immer noch keine Lust hast, geht's zurück auf die Couch. Für fünf Minuten können wir uns alle motivieren. Und die Chancen, dabei Lust auf die nächsten 25 Minuten zu bekommen, stehen ziemlich gut.

- Warte nicht auf Motivation, sondern mach es trotzdem. Der Spaß kommt beim Machen! Wenn sich erste Veränderungen und Erfolge einstellen, kommen Motivation und Vorfreude von allein.

- Eliminiere so viele Entscheidungen und Stolpersteine wie möglich im Voraus. Pack deine Sporttasche am Vortag, suche dir ein Studio auf deinem Arbeitsweg oder in der Nähe. Wähle einen festen Termin und trage ihn in deinen Kalender ein.

- Für den Übergang, solange dein Körper noch das alte Verhalten mit Glückshormonen verbindet, musst du das neue Verhalten positiv aufladen. Kaufe dir zum Beispiel neue Sportschuhe, nimm deine Freundin mit zum Sport oder stell dir eine besonders motivierende Playlist zusammen.

- Denk dran, dass dein Unterbewusstsein immer kurzfristige Belohnung vor langfristigem Wohlbefinden vorzieht. Sei schlauer und gib nicht deine langfristigen Ziele für kurzfristige Genugtuung auf. Erinnere dich an dein „Warum".

Nutze dein Journal, um dir deine Motivation für mehr Bewegung vor Augen zu führen und einen realistischen Plan zu entwickeln. Beantworte dafür die folgenden Fragen:

1. Was möchtest du verändern?
2. Warum willst du das verändern?
3. Wie fühlst du dich, wenn du dauerhaft deine neue Verhaltensweise umsetzt?
4. Wie fühlst du dich, wenn alles beim Alten bleibt?
5. Was sind die genauen Schritte, die du gehen musst?
6. Wie kannst du mit unvorhergesehenen Planänderungen und Hindernissen umgehen?

INTUITIVE BEWEGUNG

Unser Verständnis von gesundheitsfördernder Bewegung beschränkt sich meist auf Sport im Sinne von Kursen, Training im Fitnessstudio oder Laufen mit App und Pulsuhr. Wir messen, dokumentieren, vergleichen uns mit anderen und befolgen Pläne und Regeln. Wir versuchen mitzuhalten, obwohl wir erschöpft sind oder ignorieren unsere Grenzen. Kopf an, Bauchgefühl aus. Nicht immer hilft uns das dabei, uns wirklich mit unserem Körper zu verbinden und ihm das zu geben, was er braucht. Noch dazu machen wir unseren Fortschritt oft nur an optischen Ergebnissen fest. Wenn wir für eine Zahl auf der Waage oder eine bestimmte Kleidergröße trainieren, machen wir es uns unnötig schwer, Spaß an Bewegung zu entwickeln. Setze dir neue Parameter als Erfolgsmesser. Zum Beispiel, wie entspannt oder gut gelaunt du dich nach einem Workout fühlst. Kannst du beim Toben besser mit deinen Kindern mithalten? Fühlst du dich wohler in deiner Kleidung? Sind deine Rückenschmerzen verschwunden? Motiviere dich darüber, wie du dich fühlen möchtest.

Baue statt ergebnisorientierter Bewegung mal intuitive Bewegungseinheiten in dein Leben ein. Anstatt zu überlegen, wie du deinen Fettpolstern zu Leibe rücken oder beim Laufen eine gewisse Kilometermarke knacken kannst, überlege, welche Art von Bewegung dir heute wirklich Spaß machen und guttun würde. Hier sind ein paar Ideen für intuitive Bewegung:

Stretching Roll dazu einfach eine Yogamatte aus und recke und strecke dich so wie es sich gut anfühlt. Auf Youtube gibt es viele kostenlose Videos mit kurzen Yoga- und Stretching-Sequenzen zum Mitmachen als ersten Anhaltspunkt für deine intuitive Bewegungseinheit.

Tanzen ist eine der besten Methoden, um uns mit unserem Körper und unserer Lebensenergie zu verbinden. Gleichzeitig schütteln wir Stress und Anspannung einfach ab. Mach einen Song an, der deiner Stimmung entspricht, dreh die Musik auf und tanz durchs Zimmer.

Mach einen Alles-kann-nichts-muss-Spaziergang. Zieh dein Lauf-Outfit an und geh los. Setz dich zwischendurch hin, wenn es irgendwo besonders schön ist und genieße den Blick. Oder sprinte kurz ein paar Meter, wenn du Stress oder Wut abschütteln willst. Mach in deinem Tempo genau das, was sich für deinen Körper gerade richtig anfühlt. Du kannst auch deine Sinne trainieren und rückwärts gehen oder immer mal für zwei Sekunden die Augen schließen, wenn du eine sichere freie Strecke vor dir hast. So stärkst du gleichzeitig deine Kopf-Körper-Verbindung.

Beim **Schwimmen** fühlen wir uns wunderbar leicht und können uns wortwörtlich treiben lassen. Wenn Wasser dein Element ist, dann ab ins Schwimmbad. Genieße die Bewegung, ohne die Bahnen zu zählen oder dein Tempo dem der anderen Schwimmer anzupassen.

DEIN LYMPHSYSTEM

Dein Lymphsystem kannst du dir vorstellen wie deine körpereigene Müllabfuhr. Seine Aufgabe ist es, überschüssige Wassereinlagerungen im Körper abzubauen und Giftstoffe und Krankmacher mit auszuscheiden. Wenn wir krank sind, schwellen oft unsere Lymphknoten an, weil sie damit beschäftigt sind, Viren, Bakterien oder Entzündungsreaktionen im Körper abzuwehren. Wir haben mehrere Hundert solcher Lymphknoten. Anders als dein Blutkreislauf, der mit deinem Herz eine eigene Pumpe besitzt, muss dein Lymphsystem durch An- und Entspannung deiner Muskeln oder durch manuelle Einwirkung wie Massagen in Bewegung gehalten werden. Wenn du dich nicht regelmäßig bewegst, weil du zum Beispiel den ganzen Tag am Schreibtisch sitzt, bewegt sich auch deine Lymphflüssigkeit nicht. Ein träges Lymphsystem kann viele unserer häufigsten Wehwehchen auslösen oder verschlimmern, etwa chronische Müdigkeit, Verdauungsprobleme, Konzentrationsschwäche und Allergien.

Das bringt deinen Lymphfluss in Schwung

- **Trampolin springen** Der kurze Moment der Schwerelosigkeit in der Luft und das anschließende Abfedern auf dem Trampolin wirken wie eine Massage auf die Zellen, durch die die Lymphflüssigkeit strömt.

- Die **Faszienrolle** kannst du benutzen, um verklebtes Bindegewebe zu lockern. Faszien sind eine dünne Gewebeschicht, die unsere Muskeln und Organe umschließen. Lange dachte man, dass sie nur dazu da sind, unserem Körper mehr Halt zu geben. Tatsächlich übertragen sie aber auch Reize und können Schmerzen auslösen, wenn sie durch Bewegungsmangel verkürzen und verkleben. Faszienrollen gibt es in verschiedenen Härten und Strukturen. Du rollst sie vor allem über deine Beine und deinen Rücken. Die ersten Male kann das etwas wehtun, aber je öfter du es machst, desto geschmeidiger und schmerzfreier wird dein Gewebe.

- **Joggen und Spazierengehen** aktivieren die Muskulatur der Beine, wodurch Lymphflüssigkeit durch den Körper gepumpt wird. Durchblutung und Kreislauf werden angeregt und die Atmung vertieft. Plane sowohl längere Spaziergänge in deine Woche ein als auch viele kleine Geh-Einheiten über den Tag verteilt.

- **Massagen** kannst du dir entweder selbst geben oder geben lassen. Es gibt auch spezielle Lymphdrainagen. Grundsätzlich aktiviert aber jede Massage den Lymphfluss. Das Trockenbürsten vor dem Duschen lässt sich besonders leicht selbst machen. Mit einer speziellen Bürste wird dabei der Körper zum Herzen hin „ausgestrichen", um die Durchblutung anzuregen.

- **Hochlagerung** Eine schöne Entspannungsübung nach einem langen Tag: Leg dich so auf den Rücken, dass du deine Beine in die Luft strecken und die Füße an einer Wand anlehnen kannst. Vielleicht geht das, wenn du dich verkehrt herum ins Bett legst oder eine Yogamatte an die Wand schiebst. Liege fünf Minuten mit hoch gelagerten Beinen da und entspanne dich. Wassereinlagerungen, die auch durch zu langes Stehen oder Hitze ausgelöst werden können, können so leichter abgebaut werden.

NIE WIEDER STEIF VOR ANGST

Angst ist eines der intensivsten körperlichen Gefühle. Sie kann uns lähmen oder unter Hochspannung setzen. Das eigentlich Schlimme an Angst ist aber, dass sie uns davon abhält zu wachsen, Risiken einzugehen und unsere Träume zu leben. Oft nehmen wir unsere Ängste als gegeben hin, aber das musst du nicht. Denn Angst entsteht in dir, und du hast es in der Hand, sie ganz, ganz klein werden zu lassen, sodass sie dich gar nicht mehr stört. Wichtig ist, dass du dich nicht selbst dafür fertigmachst, wenn du ängstlich bist. Angst ist biologisch gesehen eine ganz natürliche Reaktion deines Körpers auf als Gefahr wahrgenommenen Stress.
In der Steinzeit war das noch nützlich, weil Stress akut lebensbedrohlich sein konnte. Etwa wenn wir ein gefährliches Tier erspähten und die Beine in die Hand nehmen mussten. Heute sind wir kaum noch in Lebensgefahr. Stattdessen fürchten wir uns davor, einen Vortrag zu halten, etwas Neues zu wagen, verlassen zu werden oder unseren Körper halbnackt am Strand zu zeigen. Die Reaktion unseres Körpers ist die gleiche. Er schüttet Adrenalin, Noradrenalin und Cortisol aus, deine Atmung wird flacher und schneller, deine Hände werden schwitzig oder deine Wangen rot, du stehst komplett unter Strom. Kurzfristig kann unser Körper gut mit diesen Symptomen umgehen und schnell wieder entspannen, sobald die Situation vorbei ist. Wenn wir aber chronisch Angst haben, kommt der Körper nicht mehr ausreichend dazu, die Stresshormone abzubauen. Es bleibt ein Stress-Grundrauschen zurück, das uns durch den Alltag begleitet. Eine wichtige Self-Care-Maßnahme gegen chronischen Stress ist es, besser mit unseren Ängsten umgehen zu lernen.

TIPP:
LERNE DICH IN STRESSSITUATIONEN ZU BERUHIGEN, INDEM DU DEINEN ATEM VERTIEFST. ZÄHLE BEI JEDEM EIN- UND AUSATMEN BIS SECHS. DADURCH SENDEST DU DEINEM UNTERBEWUSSTSEIN DIE BOTSCHAFT: ALLES IST GUT.

Ängsten den Wind aus den Segeln nehmen

1. Akzeptiere deine Angst

Angst ist ganz normal. Erlaube ihr, da zu sein. Hab keine Angst vor der Angst. Fühle sie ruhig mal bewusst. Du wirst merken, dass sie auch nur eine körperliche Reaktion ist, die du nicht überbewerten musst. Sie vergeht nach ein paar Minuten von allein oder lässt sich von dir durch gezieltes Atmen oder Bewegung auf ein Minimum runterschrauben. Erinnere dich selbst, dass Angst an sich nicht gefährlich ist. Sie ist nur ein Gefühl, das von unseren Gedanken ausgelöst wird. Mehr nicht. Wenn du ein Gefühl aushalten kannst, kann Angst dir nichts mehr anhaben. Wie du mit unangenehmen Emotionen umgehst und sie sogar wertzuschätzen lernst, kannst du in dem Kapitel „Ich nehme mich wahr“ nachlesen.

2. Bewerte deine Angst neu und ziehe Energie aus ihr

Weißt du, was sich fast genauso anfühlt wie Angst? Positive Aufregung, Verliebtsein und Vorfreude. Erinnere dich mal, wie du dich als Kind aufs Geschenke auspacken an Weihnachten gefreut hast. In solchen Momenten empfindest du keinen Stress, sondern fühlst dich besonders lebendig. Die gleiche körperliche Reaktion kann bei dir also Auftrieb oder Stress auslösen. Versuche, deine Angstsymptome gedanklich in etwas Positives umzuwandeln. Sie spenden dir Energie, machen dich fokussiert und lassen dich über dich selbst hinauswachsen.

3. Handle trotz Angst

Ängste verschwinden am effektivsten, indem du ihnen ins Gesicht schaust. Was uns am meisten Angst macht, ist das Ungewisse. Unser Leben wird aber immer ungewisse Momente für uns bereithalten, sonst könnten wir ja gar nichts Neues lernen oder uns weiterentwickeln. Etwas tun, wovor man Angst hat, nimmt der Angst sofort ihre Kraft. Das Grübeln über deine Angst nimmt ja viel mehr Zeit ein, als die paar Minuten, in denen du die Angst wirklich aushalten musst. Zähle dich selbst mit 3, 2, 1 an – und dann los.

4. Spiele deine Angst logisch durch

✎ Entwirf dein Worst-Case-Szenario und deine Lösungsstrategien:

Nimm der Angst ihre Kraft, indem du sie logisch auseinandernimmst und realistisch hinterfragst. Stell dir vor, du hast höllische Angst davor, auf der Arbeit einen Vortrag zu halten. Frage dich ganz ehrlich: Was ist denn das Schlimmste, was passieren könnte? Und was dann? Oft denken wir Ängste nicht zu Ende. Wir sagen zum Beispiel „Dann lachen alle über mich." Frage an der Stelle aber weiter: „Und dann?" Dann verläuft dein Szenario vielleicht so: „Dann werde ich rot. Vielleicht muss ich heulen. Dann muss ich mich auf der Toilette verstecken und atme tief durch. Dann komme ich zurück in den Raum und es ist unangenehm. Vielleicht muss ich mir bis ans Ende meiner Tage dumme Sprüche anhören. Vielleicht haben sich aber auch nach einer Weile alle wieder beruhigt und die Blamage ist schnell vergessen." Selbst wenn du dir das sehr unrealistische Worst-Case-Szenario ausmalst, an Ort und Stelle gekündigt zu werden, könntest du irgendwie eine Lösung finden, oder? Es wäre nicht einfach und vielleicht bräuchtest du viel Unterstützung von deinem Umfeld, aber du würdest es schaffen.

Überlege dir für alle möglichen Szenarien, wie du reagieren oder dich besser vorbereiten könntest. Gedanklich einen Notfallplan parat zu haben, ohne dabei pessimistisch zu sein, beruhigt ungemein. Mach dir bewusst, dass du alle Herausforderungen meistern kannst. Jeder fängt mal klein an. Vielleicht findest du eine Person in deinem Umfeld, die die gleiche Angst gemeistert hat und dir ein paar Tipps geben kann.

TIPP:

KANNST DU MIT EINER VERTRAUTEN, LÖSUNGSORIENTIERTEN PERSON ÜBER DEINE ANGST SPRECHEN UND DEIN WORST-CASE-SZENARIO MIT IHR DURCHGEHEN? ETWAS AUSZUSPRECHEN NIMMT DER SACHE MEIST SCHON EINEN GROSSEN TEIL IHRER BEÄNGSTIGENDEN WIRKUNG.

Kapitel 8

ICH WEISS, WAS ICH WILL

Nichts macht uns auf Dauer unglücklicher, als das Gefühl, im falschen Leben festzustecken und unser eigenes zu verpassen. Wir wollen ein authentisches Leben führen, in dem unsere innere Haltung und unsere Wünsche mit unserem Handeln im Einklang stehen. Wir wollen das Gefühl haben, auf dem richtigen Weg zu sein und ein selbstbestimmtes, bedeutungsvolles Leben zu führen. Das ist manchmal leichter gesagt als getan. Um diese innere und äußere Passung herzustellen, müssen wir nämlich erst herausfinden, wer wir sein und wie wir leben wollen – eine Frage, die viele von uns bis ins hohe Alter umtreibt.

Mit Anfang Zwanzig dachte ich, ich wüsste schon ziemlich gut wer ich bin und was ich will. Jetzt, mit Ende Zwanzig, haben sich wieder alle Karten neu gemischt und ich bin immer noch auf der Suche nach dem Masterplan. Allerdings weiß ich inzwischen, dass es den sowieso nicht gibt. Keine Karriere läuft mehr stringent, kein Lebenslauf ist lückenlos und keine Persönlichkeit oder Beziehung in Stein gemeißelt. Und das ist auch gut so. Das Leben ist eine Reise voller überraschender Umwege, auf der du täglich dazulernst, vor allem über dich selbst. Um dabei aber trotzdem deinem inneren Persönlichkeitskern treu zu bleiben und in dem Überangebot an Möglichkeiten nicht die Nerven zu verlieren, kannst du dir einen inneren Kompass erarbeiten. Er wird dir stets die richtige Richtung weisen, wenn das Leben dich auf Umwege schicken will.

Dein innerer Kompass basiert auf deinen drei bis fünf universellen Grundwerten (die du gleich noch herausfinden wirst) und hilft dir dabei, Entscheidungen zu treffen, die dich langfristig glücklich machen. Er erleichtert dir, dich darauf zu fokussieren, was dir wirklich wichtig ist. Und er hilft dir sogar, die richtige Self-Care für deine wahren Bedürfnisse auszuwählen. Vielleicht veranlasst er dich auch, Ziele von dir zu überdenken, die gar nicht wirklich deine eigenen sind. Eiferst du vielleicht deinen Freunden nach oder versuchst den verpassten Traum deiner Eltern zu leben? Ich lade dich hiermit ein, deine eigenen Träume wieder in den Mittelpunkt zu stellen und dich von Lebensentwürfen zu trennen, die sich für dich nicht richtig anfühlen.

DEINE GRUNDWERTE

Anhand deiner persönlichen Grundwerte kalibrierst du deinen inneren Kompass. Sie funktionieren anders als Ziele. Auf Ziele arbeitest du hin, und wenn du sie erreichst, setzt du dir neue. Ziele können sich auch schnell mal ändern. Innere Werte sind dagegen relativ stabile Prinzipien, nach denen du dein Leben lebst.

Die meisten großen Unternehmen formulieren solche Core Values als Leitprinzipien für alle Mitarbeiter und das Unternehmen als Ganzes. Genauso kannst auch du persönliche Grundwerte aufsetzen, die deine Entscheidungen und Handlungen leiten und dafür sorgen, dass sich alles stimmig und authentisch anfühlt. Du kannst deine Zeit, Energie und Ressourcen klüger einsetzen und die richtigen Beziehungen führen. Du stellst eine Passung zwischen deinen Handlungen, deiner inneren Haltung und deinen Zielen her. Das ist wichtig, denn wenn du täglich gegen dein Bauchgefühl handelst, ist das auch mit ganz viel Self-Care nicht mehr zu retten.

Finde deine Top-Werte

Überlege, was dir am wichtigsten ist im Leben und wähle aus der Liste auf der nächsten Seite deine top drei bis maximal fünf Werte aus. Das ist weniger eine strategische Entscheidung, als eine aus dem Bauch und Herzen heraus. Die Werte sollten deinem Charakter und deinen Prioritäten entsprechen. Wenn du einen Wert vermisst, ergänze ihn einfach. Und falls es dir schwerfällt, dich festzulegen, helfen vielleicht folgende Leitfragen:

- Welche Eigenschaften und Charakterzüge sind dir wichtig und sympathisch?
- Was macht dich glücklich oder wütend?
- Wie sieht ein erfülltes Leben für dich aus?
- Was würdest du tun, wenn du nur noch drei Monate zu leben hättest?
- Wenn du die Regeln für unser Zusammenleben auf dieser Erde aufstellen würdest, welche wären das?

ABENTEUER * ABWECHSLUNG * AKTIVITÄT * ANERKENNUNG * ANSEHEN
ANZIEHUNGSKRAFT * ATTRAKTIVITÄT * AUFRICHTIGKEIT * AUSSEHEN
AUSSTRAHLUNG * AUTHENTIZITÄT * BEDEUTUNG * BEGEISTERUNG
BEHARRLICHKEIT * BELIEBTHEIT * BESITZ * BEWUNDERUNG * BEZIEHUNGEN
BINDUNG * BINDUNGSFÄHIGKEIT * CHARISMA * EHRGEIZ * EHRLICHKEIT
ELOQUENZ * ENTFALTUNGSFREIHEIT * ENTWICKLUNG * ERFOLG * ERHOLUNG
FAMILIE * FITNESS * FORTSCHRITT * FREIHEIT * FREIZEIT * FREUDE
FREUNDSCHAFT * GEBORGENHEIT * GELASSENHEIT * GESELLIGKEIT * GELD
GENUSS * GERECHTIGKEIT * GESUNDHEIT * GLÜCK * GROSSZÜGIGKEIT
HÄUSLICHKEIT * HARMONIE * HEITERKEIT * HÖFLICHKEIT * HUMOR
INNOVATION * INTELLEKT * INTELLIGENZ * KARRIERE * KINDER * KREATIVITÄT
LEBENSFREUDE * LEBENSSTIL * LEISTUNG * LERNEN * LIEBE * MACHT
MOBILITÄT * NACHHALTIGKEIT * NOSTALGIE * OFFENHEIT * OPTIMISMUS
ORDNUNG * PARTNERSCHAFT * PERFEKTIONISMUS * PFLICHTERFÜLLUNG
PFLICHTGEFÜHL * PÜNKTLICHKEIT * REICHTUM * RESPEKT * ROMANTIK
RÜCKHALT * RUHE * SELBSTVERWIRKLICHUNG * SELBSTWERT * SEXUALITÄT
SICHERHEIT * SIEG * SINN * SORGFALT * SPASS * SPONTANEITÄT
SPORTLICHKEIT * SYMPATHIE * TEAMFÄHIGKEIT * TOLERANZ * TRADITION
TREUE * ÜBERLEGENHEIT * UNABHÄNGIGKEIT * UNBEKÜMMERTHEIT
UNGEBUNDENHEIT * UNTERNEHMUNGSLUST * VERÄNDERUNG
VERANTWORTUNGSBEWUSSTSEIN * VERGNÜGEN * VERTRAUEN * VISION
WACHSTUM * WERTSCHÄTZUNG * WOHLSTAND * ZIELSTREBIGKEIT
ZUGEHÖRIGKEIT * ZUKUNFTSORIENTIERUNG * ZUVERLÄSSIGKEIT

DEINE
GRUNDWERTE

DEIN INNERER KOMPASS

Hast du deine Top-Werte gefunden? Schreibe sie auf, vielleicht in Form eines kleinen Kompasses, den du immer bei dir tragen kannst. Bringe deine Top-Werte ab jetzt in allen deinen Lebensbereichen ein. Wenn du Entscheidungen triffst, frage dich, ob sie dich deinen Werten näher bringen oder dich von ihnen entfernen.

DEINE VISION FÜR DEIN LEBEN

Du kennst jetzt deine persönlichen Werte. Als nächstes kannst du eine Vision für dein Leben entwickeln. Ich mache das jedes Jahr, um mich daran zu erinnern, dass ich alles erschaffen kann, worauf ich meinen Fokus richte. Ich muss nur wissen, was ich möchte, mich täglich an meine Ziele erinnern und entsprechende Schritte in die richtige Richtung gehen. Vor allem, wenn im Leben mal nicht alles glatt läuft und du eigentlich alle mühsam aufgebauten Routinen hinschmeißen und dich verkriechen möchtest, hält dich so eine Vision in der Spur. Du hast etwas, worauf du langfristig hinarbeiten und dich freuen kannst, trotz zwischenzeitlicher Durststrecke. Es sind die großen, bedeutungsvollen Lebensziele, die uns langfristig motivieren.

Vielleicht denkst du jetzt, dass du gar keine große Vision hast. Doch wenn wir gut in uns hineinhorchen, haben wir immer Wünsche und Träume für unsere Zukunft. Wann hast du dir das letzte Mal erlaubt, völlig ungebremst zu träumen? Ohne dass du dir innerlich direkt mit Gedanken wie „Das ist total unrealistisch!" oder „Du glaubst wohl, du bist was Besonderes!" in die Quere gekommen bist? Gib dich heute ganz deinen Träumen hin und lass vor deinem inneren Auge eine Vision für dein nächstes Jahr entstehen. Es ist egal, ob du davon träumst ein eigenes Unternehmen oder eine glückliche Familie zu gründen, ein neues Körpergefühl zu entwickeln oder endlich deinen Traumurlaub zu buchen – jeder Lebenstraum ist gleich wichtig.

Bastle dein Vision Board

Dein Board soll das Lebensgefühl abbilden, das du erschaffen möchtest. Es soll beim Betrachten Freude auslösen und dir Lust machen, für deine Träume loszugehen. Schnapp dir einen Berg alter Zeitschriften, eine große Pappe und bastle eine Collage aus Bildern, die deine Träume repräsentieren. Alles ist erlaubt. Bestimmte Orte, die du bereisen willst, Erfahrungen, die du machen willst, Anschaffungen, sportliche Ziele, neue Self-Care-Gewohnheiten, Menschen die du treffen willst ... Tob dich aus und hab Spaß bei dieser Übung. Hänge das Vision Board wenn möglich gut sichtbar auf, sodass es dich täglich motivieren kann. Du kannst dein Board aber auch digital umsetzen, die kostenlose Inspirations-App Pinterest eignet sich dafür gut. So hast du deine Vision auf deinem Handy immer dabei. Ich empfehle dir, beides zu tun.

VOM SOLLEN ZUM WOLLEN

Wie oft sagst du Sätze, die mit „Ich sollte mal wieder …“ oder „Eigentlich müsste ich …“ anfangen? Warum eigentlich? Wem bist du Rechenschaft schuldig? Musst du wirklich? Oder hast du nicht eigentlich die völlig freie Wahl, etwas nicht zu tun und die Konsequenzen in Kauf zu nehmen? Meist sind es unsere eigenen hohen Erwartungen, denen wir gerecht werden wollen. Wir haben eine Vorstellung davon, wie wir sein sollten. Nicht immer stimmt das mit dem überein, wie wir wirklich sind oder sein möchten. Mach einen Wollen-versus-Sollen-Check mit deiner To-Do-Liste. Streiche alle Dinge, die dich unnötig stressen und eh nie abgehakt werden, weil du sie weder wirklich willst, noch sie dich weiterbringen. Sie verschwenden deine Energie und verbreiten nur ein schlechtes Gewissen und schlechte Laune. Auf der Liste bleiben lediglich Dinge stehen, die dir wirklich wichtig sind und erledigt werden müssen. Verwandle diese übrigen Have-To-Dos in Want-To-Dos, indem du andere Formulierungen benutzt.

Nimm den Druck raus und finde positive Formulierungen für deine wirklich wichtigen To-Dos. Dadurch fühlen sie sich gleich viel besser an und du kommst von der Fremdbestimmung in das Gefühl von Selbstwirksamkeit. Drei Beispiele:

1. Ich muss heute zum Sport gehen
   » Ich möchte heute zum Sport gehen

2. Ich sollte keine Süßigkeiten essen
   » Ich entscheide mich heute für einen gesunden Snack

3. Ich muss heute Abend auf eine Networking-Veranstaltung gehen
   » Ich möchte heute Abend auf der Networking-Veranstaltung ein nettes Gespräch führen

GESUNDE GRENZEN SETZEN

Es ist wichtig, für andere da zu sein, aber du musst dich nicht aufopfern. Warte nicht, bis du völlig erschöpft oder verärgert bist, um gesunde Grenzen für dich selbst zu setzen. Sei achtsam mit dir selbst und lade dir nur so viele Verpflichtungen auf, wie du realistisch schaffen kannst, ohne dich zu zermürben. Es ist einfacher jetzt Nein zu sagen, als später unser Versprechen nicht halten zu können, schlecht gelaunt zu einer Einladung zu erscheinen oder halbherzig erledigte Arbeit abzuliefern.

Damit andere Menschen unsere Grenzen respektieren können, müssen wir sie erstmal klar abstecken und kommunizieren. Das geht nur mit offener Kommunikation. Das kann manchmal unangenehm sein, zum Beispiel wenn wir ein berufliches Projekt ablehnen, weil wir ausgelastet sind oder eine Einladung ausschlagen, weil wir müde sind. Anderen Menschen Wünsche abzuschlagen fällt uns schwer. Aber je öfter du übst, freundlich aber bestimmt Nein zu sagen, desto einfacher wird es.

Das Neinsagen ist ja nicht die eigentliche Schwierigkeit. Wir alle wissen theoretisch wie das geht. Es ist die Reaktion der anderen, die uns Angst macht. Wir sehen unsere Grundbedürfnisse nach Liebe, Zugehörigkeit und Anerkennung in Gefahr, wenn wir andere vor den Kopf stoßen. Wir meinen, dass wir besonders geschätzt werden, wenn wir sooft wie möglich verfügbar sind und zu allem ja sagen. Das ist aber selten der Fall. Ich selbst habe meistens nach einem bestimmten und gut begründeten Nein gemerkt, dass sich plötzlich ganz neue Türen öffnen. Denk dran: Ein Nein zu etwas, was du nicht möchtest, ist immer auch ein Ja zu dir und dem, was dir wichtig ist. Und je besser es dir geht, desto besser kannst du für die Menschen um dich herum da sein.

Deine Mitmenschen werden sich an deine Grenzen gewöhnen und schon bald respektieren, dass du deine Zeit und Energie selbstsicher und bewusst investierst. Beim Formulieren deiner Grenzen hilft es, sie stets auf deine Seite zu ziehen. Sag also „Ich beantworte nach 18 Uhr keine E-Mails mehr“ anstatt „Hör auf, mir spät am Abend E-Mails zu schicken.“ Kommuniziere außerdem im Vornherein, um Erwartungen zu managen. Zum Beispiel: „Ich komme gern zu deiner Party, allerdings werde ich nur eine Stunde bleiben, weil ich morgen früh aufstehen muss.“

ÄNDERN STATT JAMMERN

Dauernd zu jammern ist anstrengend. Sowohl für uns, als auch für alle, die uns zuhören müssen. Denn beim Jammern drehen wir uns meist im Kreis ohne etwas zu ändern. Außerdem versetzt es dich in einen schwachen energetischen Zustand, weil du dem Leben oder anderen Menschen die Schuld an deiner Unzufriedenheit gibst. Ein bisschen Druck ablassen ist okay, aber dann frage dich, wie du dein Problem aktiv lösen kannst. Solltest du merken, dass es sich tatsächlich nicht ändern lässt, dann mach das Loslass-Ritual aus den beiliegenden Karten und richte deine Energie wieder auf die Dinge, die in deiner Macht stehen. Lässt es sich allerdings ändern, frage dich, mit wem du wirklich ein konstruktives Gespräch führen könntest und welchen ersten Schritt du jetzt sofort tun kannst, um deine Situation zu verbessern.

TIPP:

STELL DIR EINEN SELBSTMITLEIDS-TIMER. FÜR FÜNF MINUTEN GIBST DU DICH EMOTIONAL VOLL UND GANZ DEINEN PROBLEMEN HIN, JAMMERST, SCHIMPFST AUF ALLES UND JEDEN UND TUST DIR SELBST LEID. DU KANNST DIR DEINE GEDANKEN AUCH VON DER SEELE SCHREIBEN. WENN DIE ZEIT UM IST, IST SCHLUSS. DANN HEISST ES: DEN ÄRGER LOSLASSEN ODER LÖSUNGEN SUCHEN UND WEITERMACHEN.

Kapitel 9

ICH BIN GEWAPPNET

Wenn das Leben uns vor Herausforderungen stellt, vergessen wir oft, wie stark wir selbst sind und wie viele Ressourcen wir haben. Mit ein paar Übungen und Routinen bleibst du dir deiner Kraft bewusst und stellst dich dem Leben selbstbewusst und optimistisch.

DEINE SHINELINE

Eine gute Übung um dich immer daran zu erinnern, dass du alles schaffen kannst, ist deine persönliche Shineline zu erstellen. Das ist eine Timeline, also ein Zeitstrahl, der deine wichtigsten gemeisterten Meilensteine, Leistungen und Erfolge hervorhebt.

Geh dafür dein Leben gedanklich von deiner Kindheit bis heute durch. Erinnere dich an die Momente, in denen du Prüfungsangst hattest, nicht wusstest wie du eine Herausforderung meistern oder über Herzschmerz hinwegkommen solltest. Denk auch an Momente, in denen du besonders stolz warst, etwas Beeindruckendes getan oder deine Komfortzone verlassen hast. Trotz Angst oder Unsicherheit: Am Ende hast du es alles überlebt, oder nicht? Und warst hinterher stärker als zuvor.

✎ Zeichne eine Linie in dein Journal. Startpunkt ist deine Geburt, Endpunkt ist heute. Trage jetzt nacheinander alle deine Erfolge und gemeisterten Herausforderungen ein, auch die, die dir heute unbedeutend vorkommen. Du kannst auch neben jedem Meilenstein notieren, was dir damals geholfen hat, dein Ziel zu erreichen.

DEINE SELF-CARE-ROUTINEN

Die beste Self-Care ist die, die du regelmäßig machst. Denn die kleinen Dinge, die wir täglich tun, bestimmen unser Leben. Nicht die Dinge, die wir alle zwei Wochen oder einmal im Monat machen. Es ist immer besser, mit kleinen, realistischen Schritten eine positive Veränderung in Gang zu setzen, als unser Leben über Nacht auf den Kopf stellen zu wollen. Gerade perfektionistische Menschen neigen zum „Ganz-oder-gar-nicht-Denken". Aber damit setzen sie sich unnötig unter Druck. Stell dir vor, du möchtest ab jetzt früher aufstehen, um die gewonnene Zeit am Morgen für dich und deine Self-Care zu nutzen. Du bist total motiviert und überzeugt von der Idee und stellst deinen Wecker statt auf die gewohnte Zeit eine Stunde früher. Drei Tage lang ziehst du das frühe Aufstehen durch, mit ganz viel Zähne zusammenbeißen.

An Tag vier bist du so müde, dass du entscheidest, dass früh aufstehen nichts für dich ist und schmeißt die Idee der ungestörten Morgenroutine wieder hin. Anstatt dir die Umstellung so unnötig schwer zu machen, hättest du auch jeden Tag fünf Minuten früher aufstehen können als am Vortag.
So erreichst du innerhalb von 12 Tagen dein Ziel und kannst deinen Körper langsam daran gewöhnen.

Sei geduldig mit dir, wenn du neue Gewohnheiten und feste Routinen aufbauen willst. Und gestalte dir den Übergang so angenehm wie möglich. Bereite zum Beispiel am Abend schon ein leckeres Frühstück vor, das dich aus dem Bett lockt oder mache direkt nach dem Aufstehen etwas, was dir Spaß macht.

Ideen für deine Morgenroutine
Der Morgen bietet sich besonders gut an, denn wenn die Welt um uns herum noch schläft, kann sie auch nicht unsere Self-Care-Pläne durchkreuzen. Du kannst ungestört und nach deinem Geschmack in den Tag starten und in deiner Mitte ankommen, bevor du auf den Stress des Tages reagierst.

TIPP:
LASS DICH NICHT VON „PERFEKTEN" 15-SCHRITTE-ROUTINEN AUF SOCIAL MEDIA VERUNSICHERN. BEREITS FÜNF MINUTEN JEDEN MORGEN ODER ABEND SIND AUSREICHEND FÜR DEINE SELF-CARE-ROUTINE!

Das sind einige Morgenrituale, die ich sehr gerne praktiziere:

- Formuliere noch im Bett, mit geschlossenen Augen, eine Intention für deinen Tag. Sie soll dich dabei unterstützen, dich auf das Wesentliche zu konzentrieren, motiviert und achtsam zu bleiben. Beispiele: Ich treffe heute Entscheidungen aus dem Bauch heraus. Ich wähle in jeder Situation Liebe und Mitgefühl. Ich bin stark und ich schaffe das.
- Trinke einen Tee oder warmes Wasser mit Zitrone oder deinen Kaffee ganz in Ruhe. Trinke vor deinem ersten Kaffee aber unbedingt erst ein Glas Wasser.
- Meditiere für fünf bis zehn Minuten.
- Mach sanftes Morgen-Yoga um deinen Körper aufzuwecken und dich mit deinem Körperbewusstsein zu verbinden.
- Schreibe drei Dinge auf, für die du dankbar bist.
- Nimm dir Zeit im Bad für eine Gesichtsmassage oder zum Trockenbürsten deines Körpers. Und sage deinem Spiegelbild dabei, wie sehr du es liebst. Schicke besonders viel Liebe zu den Regionen, die sonst immer deine Kritik ernten.
- Höre deinen Lieblings-Podcast oder ein spannendes Hörbuch, während du dich ohne Hektik fertig machst.
- Mach einen Spaziergang und begrüße den Tag.
- Definiere deine Top-Drei-Dinge, die du heute erledigen möchtest, damit es ein erfolgreicher Tag wird. So fokussierst du deine Energie auf das, was wichtig ist.

Ideen für deine Abendroutine
Am Abend stellst du bereits die Weichen für den nächsten Tag. Bei mir geht mittlerweile alles darum, dass meine Schlafqualität so hoch wie möglich ist. Denn wenn ich gut und lange schlafe, bin ich am nächsten Tag viel besser gelaunt, habe mehr Energie und Fokus, komme auf bessere Ideen und sehe auch besser aus.

Hier ein paar Möglichkeiten, wie du deinen Abend mit viel Self-Care ausklingen lassen kannst:

- Bereite ein schönes Frühstück für den nächsten Tag vor.
- Plane den kommenden Tag in deinem Kalender, damit dich morgens keine Überraschungen aus dem Konzept bringen. Bereite auch deine Wohnung für einen guten Start in den Tag vor: Räume auf, leg deine Klamotten raus oder packe deine Sporttasche.
- Meditiere für zehn Minuten oder nimm einfach bewusste, tiefe Atemzüge und spüre, wie sich dein Körper entspannt.
- Nimm ein Bad, zünde Kerzen an. Mach es dir richtig gemütlich.
- Lies ein gutes Buch und verbanne elektronische Geräte (wenigstens für einen Moment) aus deinem Schlafzimmer.
- Schreib fünf Dinge auf, die heute gut gelaufen sind oder deinen Tag versüßt haben. So schließt du den Tag mit einem positiven Fokus ab.
- Ruf einen lieben Menschen an, den du schon lange nicht mehr gesprochen hast.
- Mache beruhigendes Yin Yoga oder ein paar Dehnübungen. Anschließend kannst du dich ausgestreckt auf deine Yogamatte legen und einfach ein paar Minuten alle Muskeln entspannen und fühlen, wie der Boden deinen Körper stützt und erdet. Ich lege gerne eine Augenmaske mit Lavendel auf meine geschlossenen Lider oder verreibe ein wenig Lavendelöl auf meinen Handgelenken. Der Duft beruhigt mich sofort und signalisiert auch meinem Körper, dass er sich entspannen kann.

DEIN SELF-CARE-KOFFER

In schwierigen Situationen vergessen wir schnell, wie viele Ressourcen wir in der Hinterhand haben um die Herausforderungen des Lebens zu meistern. Stelle dir als Erinnerung einen persönlichen Self-Care-Koffer zusammen. Befülle deinen Koffer sowohl mit deinen Lieblingsübungen aus diesem Buch als auch mit Self-Care-Praktiken, die sich für dich in der Vergangenheit bewährt haben.

Male die Umrisse eines geöffneten Koffers in dein Journal und befülle ihn nach deinen Vorlieben. Stelle einen Mix aus Übungen und Ritualen für jedes Zeitbudget und verschiedene Anlässe wie „Liebeskummer", „Selbstkritik" oder „Stress" zusammen.

MEINE TÄGLICHE SELF-CARE-CHECKLISTE

Die scheinbar einfachen Dinge vergessen wir im Alltag oft besonders leicht. Mit dieser Liste kannst du dich täglich an die Aktivitäten erinnern, die das Grundgerüst von Self-Care bilden. Natürlich musst du nicht jeden Tag alles umsetzen, aber ein täglicher Selbst-Check hilft dir, dein Wohlbefinden im Blick zu behalten.

- [ ] Mit einem lieben Menschen sprechen
- [ ] Bewegung, die mich mit meinem Körper verbindet
- [ ] Mindestens zehn Minuten Qualitätszeit nur für mich
- [ ] An die frische Luft gehen
- [ ] Genug Wasser trinken
- [ ] Mindestens eine wichtige Aufgabe erledigen
- [ ] Etwas Nettes zu einer anderen Person und zu mir selbst sagen
- [ ] Genug schlafen. Falls das nicht klappt, Mittagsschlaf machen oder kürzertreten
- [ ] Etwas essen, was mir gut schmeckt und meinem Körper guttut
- [ ] Um Hilfe bitten, wenn ich sie brauche
- [ ] Duschen und Kleidung anziehen, in der ich mich wohlfühle
- [ ] Inspiration finden (zum Beispiel ein paar Seiten lesen) oder einem Hobby nachgehen
- [ ] Etwas Positives an diesem Tag oder an mir selbst bewusst wertschätzen
- [ ] Tiefe, bewusste Atemzüge nehmen
- [ ] Wahrnehmen und anerkennen, wie es mir geht
- [ ] Mir selbst etwas Gutes tun
- [ ] Meine Umgebung ordentlich halten

SCHLUSSWORT

Du hast es geschafft! An dieser Stelle enden meine Tipps für deine Self-Care. Für dich geht es aber erst richtig los. Du kannst jetzt alles Gelernte in deinen Alltag integrieren und über die nächsten Wochen und Monate verfestigen. Sei geduldig mit dir und streiche „perfekt“ und „ich muss“ am besten aus deinem Wortschatz. Jeder noch so kleine Schritt oder Gedanke, mit dem du dir selbst mehr Liebe und Fürsorge entgegenbringst, ist ein Erfolg.

Wenn du dich schwer tust, sei gewiss, dass du nicht allein bist. Alle Menschen um dich herum, auch ich, haben kleine oder große Self-Care-Baustellen. Das Wichtigste ist, dass du dich jeden Tag bewusst dafür entscheidest, deine eigene beste Freundin zu sein. Ich bin in Gedanken bei dir und sende dir einen großen Schwung positive Energie. Und ich freue mich jederzeit von dir zu lesen, per E-Mail oder auf Instagram.

Sei gut zu dir, du hast es verdient.
Deine Sina

WIE(SO) ICH SELF-CARE-COACH WURDE

Rückblickend betrachtet wurden die Weichen für meine Laufbahn als Self-Care-Coach schon in meiner Kindheit gestellt. Mein Leben war geprägt von Situationen, in denen mir nahestehende Menschen sich nicht gut um sich gekümmert haben. Das prägendste Erlebnis war der plötzliche Tod meines Vaters als ich fünf Jahre alt war. Er starb an einem Herzinfarkt, der seinem Lebensstil geschuldet war, aber auch der Tatsache, dass er seine Symptome nicht ernst genommen hat und wir deshalb viel zu spät im Krankenhaus ankamen. Seit dem Verlust bin ich sehr sensibel dafür, wie es den Menschen um mich herum wirklich geht. Je älter ich wurde, desto mehr fiel mir auf, wie viele von ihnen unglücklich oder gesundheitlich eingeschränkt waren. Trotzdem schienen alle weiterzumachen wie immer. Rauchen, ungesund essen, wenig Schlaf, keine Bewegung und schon gar keine Gespräche über Gefühle. Fest entschlossen das zu ändern, studierte ich erst Gesundheitswissenschaften, dann Journalismus. Bei einem Fitnessmagazin fand ich mein ideales Sprachrohr. Ich schrieb über Sport, Ernährung und Selbstoptimierung und hielt mich selbst verbissen an meine Ratschläge. Ich dachte, durch die ständige Selbstkontrolle und -perfektionierung meines Körpers unverwundbar zu werden.

Eine Pressereise nach Jamaika, auf der ich Usain Bolt, den schnellsten Mann der Welt, interviewen sollte, brachte mein Leben ironischerweise zum Stillstand. Auf dem Flug entwickelte sich eine Thrombose in meinem linken Bein. Anstatt die Symptome ernst zu nehmen, zog ich das geplante Programm (inklusive Mountainbike-Tour im Nirgendwo) durch, bis ich eines Morgens vor Schmerz zusammenbrach. Zehn Tage lang lag ich anschließend in lebensgefährlichem Zustand in einem fragwürdigen Krankenhaus ohne warmes Wasser oder Internet. Nie zuvor hatte ich mich so verwundbar gefühlt. Ich realisierte: Ich kann noch so fit und sportlich sein, wenn ich nicht wirklich auf mich achte, nützt das gar nichts. Mein Umdenken begann: Ich ging weniger hart mit meinem Körper ins Gericht, achtete auf seine Grenzen und widmete mich mehr der Selbstfürsorge, vor allem mental. Nach meiner Genesung Monate später führte mich eine weitere Pressereise das erste Mal nach New York. Die Stadt hatte es mir völlig unerwartet total angetan. Ich wusste sofort, hier muss ich ein neues Kapitel starten, hier kann ich ich sein. Ich kündigte alles – Job, Langzeitbeziehung und Wohnung – und wanderte mit zwei Koffern aus ins Ungewisse. Schnell lernte ich, dass der Big Apple eine Stadt der Extreme ist: Sie gibt dir Energie, laugt dich aber gleichzeitig aus. Alle wollen immer mehr, niemand steht je still. So ein Level an Überarbeitung, Druck und Perfektionismus hat selbst mich überrascht. Zunächst schrieb ich weiter als freie Journalistin über die neuesten Fitnesstrends. Doch je mehr neue Kontakte ich schloss und über die Leben der Bewohner New Yorks erfuhr, desto klarer wurde mir: Die Menschen hier (inklusive mir) brauchen nicht noch eine strikte Diät, nicht noch mehr Sport, sie brauchen weniger. Weniger Selbstkritik, weniger Perfektionismus, weniger Arbeit, weniger Druck. Was sie brauchen, ist Self-Care. Und zwar von innen heraus. Ich begann meine Zertifizierung als Coach und besuchte jeden Workshop zu mentaler Gesundheit, den die Stadt zu bieten hatte, bis ich bereit für meine ersten Klienten war. Das waren vor allem Powerfrauen, die in sämtlichen Lebensbereichen gleichzeitig auf dem Gaspedal standen. Job, Familie, Sport – immer 100 Prozent geben, obwohl der Tank leer ist. Anstatt ihnen noch mehr Kontrolle über ihr Leben beizubringen, lernten wir zusammen das Loslassen, Nein sagen und Runterkommen. Anstatt auf äußere, körperliche Transformationen hinzuarbeiten, half ich nun Menschen bei ihren inneren Verwandlungen. Self-Care-Coaching ist die erfüllendste Arbeit, die ich je machen durfte. Und am Ende zeigt sich eine gesunde, friedliche innere Welt immer auch im Außen. Wenn meine Klienten mit einem Lächeln, Gelassenheit und Selbstvertrauen durchs Leben gehen, weiß ich, dass ich meinen Job gut gemacht habe.

GLOSSAR

Autorin
Sina Weneit

Redaktion
Susanne Kuhn

Satz
Stephanie Wojtynek

Bildnachweis
stock.adobe.com: © KatyaKatya, © venimo, © joebakal; Ann-Kathrin Nikolov (Illustrationen S. 23, 36, 50, 80, 89); Autorenfoto S. 93: privat

Emil-Hoffmann-Straße 1, D-50996 Köln
Gesamtherstellung:
Naumann & Göbel Verlagsgesellschaft mbH, Köln

0/20/18729.00/FSM
978-3-625-18729-5